Das kleine Handbuch
zum Situationsansatz

D1718435

Praxisreihe Situationsansatz

Das kleine Handbuch
zum Situationsansatz

Jürgen Zimmer

Illustrationen von Hans-Jürgen Feldhaus

Ravensburger Buchverlag

Vorwort

Die Deutsche Bibliothek –
CIP-Einheitsaufnahme

Das **kleine Handbuch zum Situationsansatz** /
Jürgen Zimmer. Ill. von Hans-Jürgen Feldhaus. –
Ravensburg: Ravensburger Buchverl., 1998
(Praxisreihe Situationsansatz)
ISBN 3-473-98912-6

Jürgen Zimmer
Diplom-Psychologe, Dr.
phil., Professor am Institut
für interkulturelle Erzie-
hungswissenschaft an der
Freien Universität Berlin;
Hauptgeschäftsführer der
Internationalen Akademie.

© 1998 Ravensburger Buchverlag
   Otto Maier GmbH
   Pädagogische Arbeitsstelle
– Dieser Band erscheint innerhalb der
12-bändigen Praxisreihe Situationsansatz –
Buchkonzeption: Gisela Walter
Redaktion: Cornelia Stauß, Berlin
Printed in Germany

ISBN 3-473-98912-6

Diese Praxisreihe mit ihren 12 Bänden ist zugleich der Ergebnisbericht des Projektes „Kindersituationen". In allen neuen Bundesländern und im Ostteil Berlins beteiligten sich zwölf Kindertagesstätten, um nach dem Konzept des Situationsansatzes die pädagogische Arbeit weiterzuentwickeln. Die Leitung des Projektes lag bei Prof. Dr. Jürgen Zimmer, Freie Universität Berlin. Ge-fördert wurde es vom Bundesministerium für Familie, Senioren, Frauen und Jugend und unterstützt von den zuständigen Länderministerien.

Die Erzieherinnen der Modelleinrichtungen suchten in Zusammenarbeit mit Eltern, anderen pädagogischen Fachkräften und durch eigene Beobachtungen nach sogenannten Schlüsselthemen, bearbeiteten diese auf vielfältige Art und dokumentierten ihre Erfahrungen und Erlebnisse. Eine wichtige Grundlage hierfür war die vorausgehende Analyse der Lebenswirklichkeit der Kinder und ihrer Familien.

Auf der Basis der pädagogischen Dokumentationen entstanden die Praxis-bücher. Sie wurden mit theoretischen Informationen und methodischen An-regungen ergänzt, sodass jede Erzieherin damit arbeiten kann, mit ihrer Kindergruppe vom Säuglingsalter bis Hortalter, mit ihrem Kolleginnen-Team, mit Eltern oder im Rahmen einer Fortbildung.

Die Konzeption der Praxisbände wurde in Zusammenarbeit mit dem Ravens-burger Verlag entwickelt. Die Kapitel der Bücher entsprechen den vier Planungsschritten des Situationsansatzes: Situationen analysieren, Ziele fest-legen, Situationen gestalten, Erfahrungen auswerten. Weil die Praxisberichte von Erzieherinnen geschrieben wurden, wendet sich das Buch mit direkter Anrede an die Erzieherinnen, selbstverständlich sind auch alle Erzieher ange-sprochen. Die Stifte in den Texten markieren Originalbeiträge aus den Praxis-dokumentationen. Alle Namen der Kinder und Eltern wurden geändert.

Ergänzend zu den Büchern gibt es eine Materialbox mit praktischen Arbeits-hilfen, ein Handbuch mit Grundinformationen des Situationsansatzes und ein Diskussionsspiel für die Teamarbeit nach dem Konzept des Situations-ansatzes.

Um die Reformbewegung des Projektes „Kindersituationen" fortzusetzen und andere Reform-Bemühungen zu unterstützen, wurde das Institut für den Situationsansatz gegründet. Weil in der Praxis sicherlich neue Fragen, andere Meinungen und Kritik entstehen werden, bietet sich das Institut für einen Erfahrungsaustausch an. Hier die Adresse:

INA gGmbH c/o Freie Universität Berlin, Fachbereich Erziehungswissen-schaften, Prof. Dr. Jürgen Zimmer, Habelschwerdter Allee 45, 14195 Berlin.

Inhaltsverzeichnis

Inhaltsverzeichnis

Inhaltsverzeichnis

Moment mal !

Annette Stöckeler und Karin Muchajer sind Kitaleiterinnen und arbeiten in ihren Einrichtungen nach dem Situationsansatz.

Annette Stöckeler leitet den Kindergarten St. Wendelin in Niederstaufen im Allgäu in der Nähe des Bodensees.

Karin Muchajer ist seit dem 1. Dezember 1993 Leiterin der Kita Spatzenhaus in Frankfurt an der Oder.

Annette Stöckeler erzählt:
Wir schreiben das Jahr 1993. Mein Kindergarten ist eigentlich keiner, sondern das Erdgeschoss eines Pfarrhauses gleich neben Kirche und Friedhof – ein Spielplatz besonderer Art. Drinnen im Gemeindesaal ein freundliches Kunterbunt. Von neun Jungen haben sieben eine Puppe mitgebracht. In der Puppenecke geht es um die Situation, dass in Niederstaufen sechs Mütter zugleich ein Baby bekommen. Die Kinder besprechen, wie Babys geboren werden. Einem Jungen hat der Vater verboten, eine Puppe mitzubringen. Der Junge: „Do wird d'r Bauch aufgschlitzt und's Kloane aussag'holt." Nun spielen und diskutieren die Kinder Scheidung. Zwei Elternpaare haben sich getrennt, die Väter sind auf und davon. „Was ist, wenn ich keinen Papa mehr habe?" Familienbilder werden gemalt, die beiden Scheidungskinder malen ihre Väter mit drauf und zaubern sie so zurück. An einem dieser Tage kommt ein Kind herein und sagt „Mir hom fei Hühner dahoam." Als sich sechsundzwanzig Kinder im Stall mit zehn Hühnern drängeln, fliehen die Hühner ins Freie. Ein Kind fängt ein Huhn und nimmt es auf den Arm. Das Huhn wandert von Arm zu Arm und pickt nicht. Ein anderes wird auf den Rücken gelegt und hält ganz still. Die Kinder untersuchen die Krallen. Die Bäuerin macht Fotos, und der Bauer sagt, die Hühner seien wahrscheinlich deshalb so brav, weil sie als Küken in der Küche aufgezogen wurden. Der Bauer nimmt ein Ei aus dem Nest. Ein Kind: „Des is ja woam!" Ein Vater kommt vorbei und sagt, er hätte Gänse zu Hause. Eine Nachbarin bietet ein Lämmchen zur Besichtigung an.
Der neue Kindergarten ist im Bau. Kleine Wälle schichten sich auf, die wieder abgetragen werden müssen. Wir Erzieherinnen und die Kinder wünschen uns im Garten eine Erdkugel mit Höhle, der Bürgermeister befindet, sie passe nicht ins Ortsbild. Die ganze Landschaft rings um Niederstaufen besteht aus Hügeln.

Moment mal!

Wir wünschen uns zwei terrassenförmig angelegte Sandkästen, die ein Gefälle zueinander aufweisen und zu Wasserspielen anregen. Der Architekt hält dagegen, das würde nur Gematsche geben. Wir wollen ein Schaf statt einen Rasenmäher, der Bürgermeister setzt auf Technik. Auf dem Friedhof wird Verstecken und mit Pferdegeschirr „Pferd" und „Das faule Ei" gespielt und die Mauer schön bemalt, auch wenn der Messner grantelt.

Am Sonntag ist in der Kirche kurz vor dem Gottesdienst eine alte Frau gestorben. Am Tag des Begräbnisses wird sie im Leichenhaus offen aufgebahrt. Ich habe Angst, die Kinder dorthin zu lassen. Kurz zuvor habe ich das Sterben meiner Großmutter miterlebt.

Ich spreche mit den Kindern über den Tod und erkläre ihnen, dass der Körper dort liege und bald wieder zu Erde werde, die Seele aber hoffentlich im Himmel sei und dort weiterlebe. Die Kinder spielen draußen. Die Trauergemeinde nähert sich. Nun möchte ich doch lieber die Kinder hereinholen und sie vom Fenster aus zusehen lassen. Ein Kind hat alles nicht so recht verstanden und fragt eine alte Frau: „Bist du die Leich?" Die Kinder schauen aus dem Fenster und finden es in Ordnung, dass man einmal begraben wird und als Seele im Himmel und vielleicht auch nahe beim Dorf weiterlebt.

Nun frage ich Sie, Jürgen Zimmer, ob das jetzt der Situationsansatz sei? Sie antworten: „Was denn sonst? – Situationsansatz heißt, Vorhandenes zu entdecken. Wer dies tut, wer den Blick dafür schärft, braucht auf Situationen nicht lange zu warten – sie geschehen täglich, kommen entgegen, bieten sich an."

Karin Muchajer erzählt:

Das Wasser steht mir und meinem Team bald bis zum Hals. Die Zeiten für Kitas in den neuen Bundesländern sind schlecht, der drastische Geburtenrückgang führt zu Massenentlassungen jüngerer Erzieherinnen. Auch unsere Einrichtung ist davon betroffen. Das Team und ich wollen uns nicht wie Lemminge in den Abgrund treiben lassen und drehen den Spieß um: Wir wollen den Träger entlassen und uns selbstständig machen.

An die Versammlung der Stadtverordneten richten wir den Antrag, die Kita zum 1. Januar 1995 zu übernehmen – mit einem Betriebsvolumen von knapp zwei Millionen Mark, 280 Kindern, vierzehn Erzieherinnen und zwei technischen Mitarbeitern. Fünf weitere Erzieherinnen und zwei Mitarbeiter riskieren den Absprung nicht, dafür aber alle Eltern.

Plötzlich sind wir soziale Unternehmerinnen und fragen uns, wie wir einen Eigenanteil erwirtschaften können: Vor allem durch unternehmerische Ideen. Die Kita als flexibler, ideenreicher kinder-, eltern-, nachbar- und stadtteilfreundlicher Dienstleistungsbetrieb mit reichhaltigem Angebot: Partyservice, Betriebs- und Familienfeiern, Schwangerenbetreuung, Geburtstagsgestaltungen – „Die Reise um die Welt" oder „Hexenfest" –, Secondhandhandel mit Kinderkleidern, Mäuseroulette, Wassermuseum und und und. Die Zahl der Freunde und Nutzer wächst, die Kita verwandelt sich langsam in ein Stadtteilzentrum. Die Kinder und das Team entscheiden gemeinsam, für welche guten Zwecke die Einnahmen verwendet werden.

Die Aufbruchstimmung überträgt sich auf die Kinder. Im Spiel werden Ideen geboren, umgesetzt, erprobt. Ist das der Situationsansatz? „Ja!", antworten Sie mir, Jürgen Zimmer. „Die Schlüsselsituation heißt ‚drohende Schließung der Kita', und die Antwort lautet: Auf die eigenen Füße fallen."

Moment mal!

Liebe Annette Stöckeler,
liebe Karin Muchajer,

als ich im Juni 1996 in Leipzig auf dem Jugendhilfetag den Kongressmarkt besuche, fällt mir ein Stand auf, um den sich eine Traube von Menschen gebildet hat. Im Gewühl verkaufen Ihre Kolleginnen und Sie, Karin Muchajer, Lose und diskutieren aufs lebhafteste mit interessierten Loskäufern und -gewinnern. Ich erfahre, dass Sie eigentlich gar nicht hätten kommen dürfen, die Kinder hätten Ihnen zunächst erklärt, jetzt, wo sich alle bemühten, Gelder zu erwirtschaften, sei eine Reise von Frankfurt nach Leipzig für mehrere Personen zu teuer. Und Sie berichten, dass die Kinder dann auf die Idee kamen, Sie könnten in Leipzig an Ihrem Stand eine Tombola veranstalten, sie, die Kinder, würden die Preise basteln, und das Marketingkonzept könnte so sein, dass jedes Los gewinnt, und dadurch könnten Sie sich die Reise verdienen.

Das ist nicht nur eine originelle Idee, sondern eine effektive dazu. Denn als ich zum Stand kam, hatten Sie nicht nur Ihre Reise und die Standmiete, sondern noch mehr erwirtschaftet: Ihre Kita war in aller Munde. Die Preise konnten sich sehen lassen. Ich beispielsweise gewann einen kleinen Garten: auf einer Birkenholzscheibe ein kleiner Weidenzaun, drinnen Moos und ein kleiner Baum mit einer Krone aus Kiefernzapfen und Trockenblumen.

Wir Pädagogen neigen gern dazu, hinter den Mauern unserer Einrichtungen zu bleiben und Lernprozesse in künstlichem Rahmen so zu organisieren, dass zumindest uns schon Aufgabenstellung, Lösungsweg und Lösung bekannt sind – während draußen das Leben tobt. Die dort Handelnden lernen ständig dazu, doch ist es nicht immer schon vorher klar, was am Ende herauskommt? Die komplizierte, vertrackte, chaotische, langweilige, anstrengende, angsterregende, vergnügliche und überraschende Wirklichkeit ist ein Spiel mit vielen Unbekannten; und eine Grundthese des Situationsansatzes ist, dass wir uns auf sie zubewegen sollten, wenn wir Kinder für ein Leben in dieser Welt ausrüsten wollen.

Einer der Paten dieser These heißt Siegfried Bernfeld, der in seinem berühmt gewordenen Essay „Sisyphos oder Die Grenzen der Erziehung" die Lächerlichkeit pädagogischen Tuns beklagt hat, weil es zu oft am falschen Ort geschehe. Der Situationsansatz lädt uns zu Wanderungen an richtige Orte ein. Wir lassen uns auf Realsituationen drinnen und draußen ein. Nicht beliebig, sondern mit Hintersinn. Wir sind samt Kindern zu Detektiven geworden, die in dieser Wirklichkeit Lernchancen entdecken und zu unser aller Wohl erschließen.

Der Situationsansatz setzt sich durch Infektionsketten fort. Dies ist eine

Lehre aus seiner knapp dreißigjährigen Geschichte. Vor allem dadurch, dass Erzieherinnen, die Erfahrung mit ihm gesammelt haben, ihre Kenntnisse auf praktische Weise interessierten Kolleginnen übermitteln. Hinzu kommen Fachberaterinnen, Menschen, die in der Aus- oder Fortbildung arbeiten, engagierte Träger, Mitglieder wissenschaftlicher Teams – kurzum: ein Netz aus Personen, die ihr pädagogisches Denken und Handeln an der Wirklichkeit messen wollen. Die Einladung, sich aufs Leben einzulassen, nimmt reale Situationen, reale Heraus- und Anforderungen, reale Gestaltungsmöglichkeiten in den Blick. Ivan Illich, mexikanischer Gelehrter und Priester, hat Anfang der siebziger Jahre mit seinem Plädoyer zu „Entschulung der Gesellschaft" für eine weltweite Diskussion gesorgt. Das meiste Lernen, sagte er, resultiere nicht aus Unterricht, sondern sei vielmehr das Resultat der ungehinderten Teilnahme in relevanter Umgebung.

Der Situationsansatz ist von unten entwickelt worden, im Dialog von Praxis und Wissenschaft. Einige hunderttausend Erzieherinnen haben sich hierzulande und auch hinter den sieben Bergen und Meeren auf den Versuch eingelassen, Schlüsselsituationen ihrer Kinder zum Ausgangspunkt pädagogischen Bemühens zu machen. Um die Bandbreite der so entwickelten pädagogischen Praxis zu zeigen, enthält dieses kleine Handbuch nicht nur Beispiele von heute, sondern auch von früher. Viele jüngere Kolleginnen und auch die aus den neuen Bundesländern hatten kaum die Chance, sich mit den oft schon seit Jahren vergriffenen oder verstreuten Veröffentlichungen vertraut zu machen. Auch wenn der Situationsansatz seine Kennzeichen und Strukturen hat, empfindet ihn jede Erzieherin ein bisschen anders, weil sie ihre eigenen Einfälle verwirklichen kann und ihre Kinder nicht von der Stange kommen.

Der Situationsansatz fällt umso leichter, je weniger Kindheit durch pädagogische Institutionen vermauert oder mit Tranquilizern aller Art ruhig gestellt wird. Es gilt, die Institutionen zu öffnen, die in Ecken und Nischen nistende Langeweile auszutreiben und eine Pädagogik abenteuerlicher Entdeckungsreisen in die Innen- und Außenwelt zu entwickeln.

Sie und viele, viele Ihrer Kolleginnen sind, und dies verdient größten Respekt, auf diesem Weg ein weites Stück vorangekommen.

Dieses Buch sei Ihnen und den vielen Kolleginnen gewidmet, die mit ihren Teams ihre beispielhafte Praxis unter oft schwierigen Regelbedingungen gestalten: Es ist kein klassisches Lehrbuch mit klaren Vorgaben, sondern eher ein Brevier, das pädagogische Spaziergänge in eine nicht-pädagogische Wirklichkeit begleiten will.

Jürgen Zimmer, im Dezember 1997

Andere Zeiten – andere Werte

Autonomie, Solidarität, Kompetenz

Erziehung zur Solidarität verweist darauf, dass wir nicht allein auf der Welt sind, sondern gemeinsam mit anderen leben

Unter den Bedingungen des Weltmarktes ist es sehr wahrscheinlich, dass bisher reiche Länder abspecken und immer mehr bisher arme Länder zu relativem Wohlstand gelangen. Soziale Verwerfungen innerhalb der vom Verlust ihrer Privilegien bedrohten Gesellschaften werden die Folge sein. Verteilungskämpfe können sich verschärfen, die Korruption kann zunehmen, die Armutskriminalität und Gewaltbereitschaft wachsen. Es kann sein, dass dann immer mehr Menschen meinen, mit Ellenbogen und rüdem Durchsetzungsvermögen ihren Platz an der Sonne sichern zu müssen.

Es ist leichter, menschenfreundlich zu sein, solange es einem gut geht. Die Nagelprobe für unsere Gesellschaft wird sein, ob wir den Abstieg vom Hochsitz mit Sinn für ausgleichende Gerechtigkeit, mit Unternehmensgeist, neuer Energie, Lernbereitschaft und mit Respekt vor den Bedürfnissen auch anderer Menschen in der einen Welt vollziehen und damit die Chance wahrnehmen, zu neuen Ufern aufzubrechen.

Als der Situationsansatz Konturen gewann, wurde die pädagogische Arbeit unter das Ziel gestellt, Kinder verschiedener Herkunft und mit unterschiedlicher Lerngeschichte zu befähigen, in Situationen ihres gegenwärtigen und künftigen Lebens möglichst autonom, solidarisch und kompetent zu handeln.

Autonomie bedeutet Selbstbestimmung, Unabhängigkeit, Eigeninitiative, Selbstständigkeit. Erziehung zur Autonomie will Kinder wie Erwachsene darin fördern, ihren Anspruch auf Selbstbestimmung, der zugleich ein Anspruch aller Menschen ist, zu vertreten.

Also Eigensinn? Durchaus. Aber nicht ohne Gemeinsinn. Denn das Ziel einer Erziehung zur Solidarität verweist darauf, dass wir nicht allein auf der Welt sind, sondern gemeinsam mit anderen leben, dass wir Schwächere schützen, Andersartige nicht diskriminieren, Mitmenschen nicht mit Häme überziehen oder dem Spott aussetzen, dass wir nicht nach unten treten, nicht übel nachreden, auf Fairplay achten, dass wir Feinde zu lieben versuchen und Versöhnung anstreben, dass wir friedfertig sind und nicht nach Macht über andere gieren. Und es geht nicht nur um Menschen, sondern auch um die Natur, ihre Lebewesen, ihre Ressourcen, die auf diesem der Plünderung ausgesetzten Planeten nach äußerster Schonung verlangen.

Es geht nicht nur um Menschen, sondern auch um die Natur, ihre Lebewesen, ihre Ressourcen

Kompetenz bedeutet Bildung, Wissen, Befähigung. Man braucht Kompetenzen, um in komplexen Realsituationen sachangemessen handeln zu können. Wesentlicher Teil des

Situationsansatzes ist deshalb sein Bildungsanspruch, die Entwicklung von Weltverständnis. Die Vermittlung von Bildung erfolgt in sozialen Zusammenhängen, darin unterscheidet sich der Situationsansatz von der Praxis einer in Teilstücken zergliederten Wissensvermittlung. Und beides zusammen verankert sich in personaler Kompetenz.

Die Ziele von Autonomie, Solidarität und Kompetenz lassen sich nicht einfach herunterdeklinieren und in Handlungsanweisungen übersetzen. Sie sind eher wie Leuchtfeuer, die den Kurs der alltäglichen Arbeit und das gesamte Klima einer Einrichtung mitbestimmen. Wir Erwachsenen sind dabei ein wichtiges Modell. Wie wir untereinander und mit den Kindern umgehen, ist bedeutsamer als jeder erhobene Zeigefinger.

Als jene Ziele Ende der sechziger, Anfang der siebziger Jahre formuliert wurden, war die Zeit durch eine stürmische Auseinandersetzung der jüngeren Generation mit jenen Teilen der älteren Generation geprägt, die – unter Berufung auf Sekundärtugenden – den Nationalsozialismus mitgetragen hatten. Auch den Erzieherinnen wurde damals vorgeworfen, die Kinder intellektuell zu unterfordern und sich im Wesentlichen mit der autoritären Vermittlung solcher Tugenden wie Ordnung, Fleiß und Sauberkeit zu befassen.

Nun kommt ein Mensch, dessen Handeln durch Autonomie, Solidarität und Kompetenz mitbestimmt ist, gewiss nicht ohne weitere Tugenden aus. Als der Leiter eines der führenden Internate in Deutschland, durchaus ein Mann der Aufklärung und Liberalität, seiner Schülerschaft vor nicht langer Zeit mitteilte, er wolle – bei allem Respekt vor dem Autonomiestreben der Beteiligten – verstärkt auf die Entwicklung auch jener anderen Tugenden, auf eine Kultur der Höflichkeit, des wechselseitigen Respekts, der Ästhetik und Wahrhaftigkeit achten, da war ihm eine breite Zustimmung der Eltern und auch nicht weniger Schüler gewiss. Seither ist es in dieser Schule nicht mehr egal, ob Schüler älteren Menschen gegenüber höflich und hilfsbereit sind oder nicht, ob sie ihre Zimmer im Chaos verlassen oder in einen ästhetischen Zustand versetzen, ob ihr Umgang untereinander durch Respekt und Fairness gekennzeichnet ist, ob sie die Wahrheit der kleinen bequemen Lüge vorziehen, ob sie Selbstdisziplin zeigen oder sich nach Belieben gehen lassen.

In Diskussionen im Vorfeld des Projektes Kindersituationen mit und zwischen Erzieherinnen und Eltern in den neuen Bundesländern, mit Menschen, die mit dem gesellschaftlichen Wandel konfrontiert sind, ihn mitgestalten, stand die Frage im Mittelpunkt, auf welche Gegenwart und Zukunft Erziehung sich beziehen

Wie wir untereinander und mit den Kindern umgehen, ist bedeutsamer als jeder erhobene Zeigefinger

Andere Zeiten – andere Werte

Im Mittelpunkt stand die Frage, auf welche Gegenwart und Zukunft Erziehung sich beziehen solle und welche Werte dabei wichtig seien

solle und welche Werte dabei wichtig seien. In Gesprächen kristallisierten sich besondere Akzente heraus:

● Erstens sei es notwendig, Kinder mit dem Prozess der sozio-ökonomischen Wandlung vertraut und ihnen deutlich zu machen, dass alle Beteiligten nicht nur Objekte, sondern vor allem Subjekte dieses Prozesses seien.

● Zweitens sei die Entwicklung eines demokratischen, partnerschaftlichen Umgangs zwischen Erwachsenen und Kindern von großer Bedeutung. Es gelte, autoritäre Formen der Unterweisung abzubauen, die Kommunikation nicht auf Kommandos und Sanktionen zu gründen, deren Sinn unverständlich bleibe, die Verlautbarung nicht an die Stelle des Arguments und des Dialogs zu setzen.

● Drittens sei allen Formen der Gewalt, der Intoleranz, des Rassismus und Antisemitismus, der Diskriminierung Fremder frühzeitig entgegenzuwirken. Kinder wie Erwachsene brauchen Verständnis vom Leben in der einen Welt, die nicht dort aufhört, wo Fremdes anfängt.

● Viertens sei eine Erziehung zur Solidarität mit Schwächeren wichtig, mit behinderten oder sozial marginalisierten Menschen.

Für den Situationsansatz ist kennzeichnend, dass Normen und Werte nicht einfach verkündet, sondern auf die Situationen bezogen werden

● Fünftens sei es notwendig, Kinder wie Erwachsene zu ökologisch verantwortlichem Handeln zu bewegen, zum Schutz von Tieren und Pflanzen. Angesichts einer vorrangig durch die Industrieländer praktizierten Ressourcenverschwendung seien sie nicht nur zum schonenden Umgang mit natürlichen Ressourcen zu erziehen, son-

dern auch mit einem Konzept „intelligenter Askese" (Vermeidung von aufwendigem Verbrauch) vertraut zu machen – im Blick auf die Mangelerscheinungen in Vergangenheit und Gegenwart sicher eine nicht leicht umzusetzende Zielvorstellung, so lange jedenfalls, so lange nicht auch mehr und mehr Menschen in den westlichen Bundesländern diesen Wertewandel mitvollziehen.

● Sechstens sei es bedeutsam, angesichts der ökonomischen Probleme und einer jahrzehntelangen Aberkennung sozial-unternehmerischer Fähigkeiten genau diese Fähigkeiten zu stärken und zum Vertrauen auf die eigene Kraft zu erziehen.

Die Wertedebatte ist während der westdeutschen Kindergartenreform im Zusammenhang mit dem Situationsansatz vor allem dort geführt worden, wo es um Kriterien für die Situationsanalyse und um die Bestimmung von Zielen pädagogischen Handelns ging. Sie wurde dann lebhaft, wenn kontroverse Deutungsmuster aufkamen (bei Themen wie „Junge und Mädchen" oder „Tod"). Sie fand ihre Vertiefung in religionspädagogischen Beiträgen zum Verständnis von Situationen.

Für den Situationsansatz ist kennzeichnend, dass solche Normen und Werte nicht einfach verkündet, sondern auf die Situationen bezogen, in ihnen konkretisiert, ausgehandelt und einsichtig gemacht werden.

Fordern statt abspeisen

Ein Anthropologe berichtete, in unseren Breiten hätten die Menschen vor Zeiten einen Energieaufwand von umgerechnet etwa 15 Kilometern Fußmarsch auf sich nehmen müssen, um zu einer Mahlzeit zu gelangen. Heute reichen für Kinder besser gestellter Kreise drei Meter bis zum überquellenden Kühlschrank. Geld für dieses und jenes bekommen sie, indem sie Mütter und Väter nerven und möglichst erst von ihnen ablassen, wenn sie mit sieben Mark oder mehr den nächsten Laden ansteuern. Wenn Jugendzeitschriften der Bravo-Art sich im Wesentlichen damit befassen, was in und was out ist, wenn Lehrer(innen) das Phänomen des modisch raschen Wechsels nicht zum hartnäckigen Thema machen, wenn Eltern vor ihren Masters-of-the-Universe-, Turtles- oder Nintendo-fixierten Kindern kapitulieren, dann ist ein Bewusstwerdungsprozess angesagt, bei dem Erwachsene sich und ihre Kinder davon überzeugen, dass Lebensqualität nicht durch die Anhäufung von immer mehr Konsumartikeln und Hightechprodukten zustande kommt, sondern beispielsweise dadurch, dass Menschen die neue Sprachlosigkeit überwinden, Nachbarschaften wieder entdecken, Gefühle ausdrücken oder künstlerisch tätig werden.

Die Kinder und Enkel jener Generation im Westen Deutschlands, die sich mit der autoritären Einstellung ihrer Eltern auseinander setzten, sind wohl demokratischer erzogen, zugleich aber der wirtschaftlich privilegierten Umstände wegen verwöhnt

Wenn Eltern vor ihren Masters-of-the-Universe-, Turtles- oder Nintendo-fixierten Kindern kapitulieren, dann ist ein Bewusstwerdungsprozess angesagt

und oft auch abgespeist worden. Auf rasch wechselnde Wünsche von Kindern folgt umgehend eine – als kurzfristige Beruhigungspille wirkende – Bedürfnisbefriedigung. Kinder verlernen dabei das, was in der angloamerikanischen Entwicklungssoziologie das *deferred gratification pattern* genannt wird, die Fähigkeit nämlich, die Befriedigung von Bedürfnissen auch über längere Strecken hinauszuschieben, sich etwas zu erarbeiten, die Mühen der Ebene auf sich zu nehmen. Verwöhnte Kinder sind für schwierige Zeiten schlecht gerüstet. Der mitteleuropäischen Inszenierung von Kindheit liegen gute Absichten zugrunde: die Abschaffung ausbeuterischer Kinderarbeit, die Entwicklung von Schonräumen, die Wahrung der Rechte von Kindern. Die Kehrseite liegt in der zunehmenden Ausgrenzung und zeitlichen Verlängerung, in der Tendenz zur Überbehütung und Verkindlichung von Kindheit.

Für ein unseren widersprüchlichen Zeiten angemessenes Bild vom Kind wäre es wichtig, jenseits von Genremalerei aber auch die unterfordernden Momente einer durch Medien und Institutionen verstellten Kindheit herauszuarbeiten mit dem Ziel, das Leben mit und von Kindern gegen die Vermauerung neu zu inszenieren, sie nicht weiter zu domestizieren und beschäftigungspädagogisch mit Beruhigungspillen abzuspeisen.

Der mitleidige Blick auf die Kinder der südlichen Erdhalbkugel mag dann vielleicht einem eher anerkennenden Blick weichen. Denn es stellt sich die Frage, ob – bei aller Berücksichtigung

Kinder verfügen über Möglichkeiten, ihre Entwicklung selbst zu steuern, den aktiven Part im alltäglichen Tun zu übernehmen, soziale Akteure zu sein

auch der brutalen Aspekte einer solchen Kindheit des Südens – jene mitteleuropäische Konstruktion von Kindheit die Fähigkeiten von Kindern nicht deutlich unterschätzt. Wenn Paulo Freire, der große Pädagoge des zwanzigsten Jahrhunderts, in den sechziger Jahren formulierte, dass Menschen nicht Objekte, sondern Subjekte seien, Situationen gestalten, sich ein Bewusstsein von der Welt verschaffen und handelnd in die Geschichte eintreten können, dann stimmt diese Position mit gegenwärtigen aktuellen (wenngleich nicht so neuen) Erkenntnissen der Kindheitsforschung überein: Kinder verfügen über Möglichkeiten, ihre Entwicklung selbst zu steuern, den aktiven Part im alltäglichen Tun zu übernehmen, soziale Akteure zu sein. Erwachsene veranstalten dann nicht die kindliche Entwicklung, sondern verstehen, begleiten, moderieren sie und reichern sie an (oder – im negativen Fall – behindern sie). Sie setzen auf die Selbsttätigkeit des Kindes.

Kinder behutsam und beharrlich herauszufordern und sie so zu stärken heißt, ihnen die Lösungen offener Probleme nicht einfach in den Schoß zu legen, Sperren einzubauen, den Wegweiser-Dschungel: „Jetzt tu dies und jetzt das" entschieden zu lichten, Kindern die Chance zu geben, sich Wege selbst zu suchen und diesen Prozess des forschenden, entdeckenden, experimentierenden Lernens durch die Erweiterung des Blickwinkels und durch vertiefende Recherchen zu fördern.

Dies alles vollzieht sich im anhaltenden Dialog zwischen Erzieherin und Kind, nicht durch Verlautbarungen oder Anweisungen.

Kinder sind neugierig und wissbegierig. Sie können, wenn sie nicht apathisch gemacht wurden, einen lang anhaltenden Fimmel entwickeln, sich auf verschlungene Pfade begeben, ihre eigenen Suchstrategien entwickeln, sich eigene Alltagstheorien bilden, mit Fantasie hinderliche Fesseln sprengen und Neues erfinden. Pädagogen sind Störenfriede, wenn sie solche Prozesse, die vielleicht gerade geschehen, übersehen, negieren oder ständig unterbrechen. Sie sind dann auf dem richtigen Weg, wenn sie genau beobachten, hinhören, sich einfühlen und zu verstehen versuchen, in welcher Weise sich dieses Kind, das ja seine ureigene Geschichte mitbringt, die Welt aneignet, wie dieses Kind bei seinen Forschungsvorhaben unterstützt und ermutigt werden kann: die Kindertagesstätte als Einrichtung zur Erkundung und Aufklärung von Lebenssituationen, von Kultur und Natur, von Geschichte, von Welt. Das Ziel liegt darin, den Kindern Zugänge zu anregungsreichen Realsituationen zu verschaffen und in solchen Situationen nicht die Rolle des besser wissenden Erwachsenen darzustellen, sondern die eines Mitglieds im Forschungsteam. Dieses Mitglied ist ebenfalls neugierig, hält eine produktive Distanz ein, lernt, Impulse zu setzen und sich wieder zurückzuziehen, wenn der Prozess der Untersuchung und Aufklärung in Bewegung gekommen ist.

Fordern statt abspeisen: Gemeint ist, der Verkindlichung und Dequalifizierung von Kindheit entgegenzuarbeiten, anzuerkennen, dass Kinder ein Recht auf sinnstiftende Tätigkeiten haben, ihre Lebensenergie freizusetzen, das Leiststungsvermögen, das sie entwickeln und einbringen wollen, nicht auf „sinnlose", künstlich konstruierte, sondern auf angemessen dosierte, reale Anforderungen zu beziehen. Fordern heißt nicht überfordern, sondern herausfordern, sodass der Spaß nicht abhanden kommt und die Lust an Neuem wächst, am kleinen und großen Abenteuer in noch unbekanntem Gelände.

Die Kita: Einrichtung zur Erkundung und Aufklärung von Lebenssituationen, von Kultur und Natur, von Geschichte, von Welt

Die Kita neu erfinden

Bei uns bedarf es außergewöhnlicher Anlässe, um Kitas neu zu erfinden

Als Fröbel den Kindergarten erfand, hatte er nicht die baulich festgezurrte Tagesstätte mit dem großen Etat und komplexen Verwaltungsvorschriften im Sinn, sondern suchte nach Antworten auf gravierende Probleme, denen sich Kinder damals ausgesetzt sahen.

Schaut man über die Grenzen Europas hinweg, finden Kindergärten unter Bäumen, in Remisen, Hütten, Wohnungen, auf freiem Feld oder in der Savanne, in aufgelassenen Fabriken oder auf der Straße statt – mal mit großen, mal mit kleinen Gruppen, mal mit Fachkräften, mal mit Nachbarinnen, mal öffentlich, mal privat finanziert, mal so, dass die Kosten durch den Verkauf von Reis aufgebracht werden.

Bei uns bedarf es außergewöhnlicher äußerer Anlässe, um Kitas neu zu erfinden: zum Beispiel den Geburtenrückgang, gefolgt von der Entlassung vieler Erzieherinnen oder den Paragraphen 218 und den damit verknüpften Rechtsanspruch auf einen Kindergartenplatz.

Plötzlich tauchen Dienstleistungsbetriebe auf, die sich selbstständig auf dem Markt bewegen. Sie heißen „Kita GmbH", „Klax", „Spatzenhaus", „EigenSinn" oder „Familienservice". Erste Konturen künftiger

Kitas zeichnen sich ab. Die Leitsätze des Marketing gegenüber Eltern könnten lauten:

- „Wir können flexibel reagieren."
- „Früher mussten Sie bei uns Schlange stehen, heute kommen wir gerne und umgehend auch zu Ihnen."
- „Wir fördern nicht nur Ihre Kinder, sondern beraten, informieren und vermitteln auch in allen Fragen rings ums Kind; wir sind die Anwälte Ihrer Kinder."
- „Wir sind fachlich kompetent, und weil wir es sind, können wir unsere Angebote auf Ihre besondere Situation zuschneidern."
- „Brauchen Sie eine häusliche Betreuung Ihrer kranken Kinder?"
- „Müssen Sie aus beruflichen Gründen kurzfristig verreisen, ohne Ihr Kind mitnehmen zu können?"
- „Haben Sie weniger Stress, wenn wir Ihr Kind morgens abholen und nachmittags wieder bringen?"
- „Wie liegen Ihre Arbeitszeiten und wie können wir uns mit unserer Betreuung am besten darauf einstellen?"
- „Wollen Sie eine unserer Tagesmütter in Anspruch nehmen oder Ihr Kind lieber zu uns bringen?"
- „Hätten Sie gerne Tipps über hautfreundliche Kinderkleider?"
- „Brauchen Sie dringend ein paar Tage Urlaub auch ohne Kinder?"
- „Haben Sie Lust, in unserer Kita preiswerte Familienferien zu verbringen?"
- „Ihr wöchentlicher Frauenstammtisch ist bei uns willkommen."
- „Wir haben – mit zusätzlichen Honorarkräften – auch am Wochenende vergnügliche Angebote für die ganze Familie."

Sonderleistungen ermöglichen Sonderverdienste. Ein Café in der Kita, Essensservice für alte Leute, Kita als Treffpunkt für Initiativgruppen, ambulante Dienste, häusliche oder nachbarschaftsnahe Betreuung: Kitas entwickeln Profile, bilden Satelliten, reagieren auf Bedürfnisse, gehen näher heran an den Markt, entwickeln Unternehmensgeist. Kindertagesstätten erfüllen einen öffentlichen Auftrag. Gleichwohl können sie keine Beamtenmentalität entwickeln; es ist damit zu rechnen, dass sie vermehrt in Wettbewerb geraten. Will man diesen Wettbewerb sozialverträglich und produktiv gestalten, sodass attraktive und qualitativ überzeugende Profile dabei entstehen können, muss man die Kitas mit einem wirklich ausreichenden Etat ausrüsten, damit sie ihren Aufgaben – Bildung, Erziehung und Betreuung von Kindern ohne Ansehen ihrer sozialen Herkunft – nachkommen können. Dieser Etat müsste höher ausfallen, wenn Einrichtungen in besonders schwierigen Einzugsgebieten liegen oder besonders anspruchsvolle Aufgaben übernehmen.

Die Diskussion um Qualitätsstandards könnte zur Folge haben, dass oberhalb festgelegter Finanzierung weitere Mittel leistungsbezogen vergeben werden. Dies setzt voraus, dass Qualitätsstandards konkret formuliert und intern wie extern überprüft, das heißt evaluiert werden. Einer solchen

„Wir sind die Anwälte Ihrer Kinder."

„Brauchen Sie dringend ein paar Tage Urlaub auch ohne Kinder?"

21

*Praxiseinrichtungen
sollten die Möglich-
keit haben, zusätz-
liche Mittel zu
erwirtschaften*

Evaluation würden sich dann nicht nur Praxiseinrichtungen unterziehen, sondern auch andere Teilsysteme wie die Aus- und Fortbildung, die Träger, die Fachberatung und Fachaufsicht und die Verwaltungen.

Praxiseinrichtungen sollten die Möglichkeit haben, nicht nur neue organisatorische Formen zu entwickeln – etwa durch die Gründung von Tochtereinrichtungen –, sondern auch durch Profilierung oder Erweiterung ihrer Dienstleistungsangebote zusätzliche Mittel zu erwirtschaften. In einigen anderen Ländern ist dies unter dem Stichwort *community business* schon üblicher als bei uns. Nahe liegend ist: Je wohlhabender das Umfeld, je kaufkräftiger die „Konsumenten", desto geringer der Etat. Und

umgekehrt: Je ärmer das Umfeld, desto höher der Etat, denn die Abnehmer von Dienstleistungen können dort weniger aufbringen.

Schon in den siebziger Jahren wurde deutlich, dass der Situationsansatz mehr ist als nur ein pädagogisches Konzept. Er führt auch zu institutionellen Weiterentwicklungen. Heute geht es darum, dass Programm und Setting zueinander passen: Das Programm enthält eine Pädagogik, die sich auf Schlüsselsituationen einlässt, das Setting besteht aus einer Einrichtung, die sich in ihrer Struktur neuen Anforderungen gegenüber öffnet. Ein realitätsbezogenes Programm und eine durch Verwaltungsvorschriften gefesselte Einrichtung würden schlecht zueinander passen.

Ein Jahrhundert der neuen Bescheidenheit

Im Jahr 2020 geht es – wenn wir nicht bald zur Besinnung kommen – bescheiden zu im alten Europa. Die Kita-Kinder von heute, dann zwischen zwanzig und dreißig Jahre alt, kennen die Zeiten des Überflusses möglicherweise noch aus Erzählungen. Das wirtschaftliche Zentrum dieser Welt hat sich vom atlantischen zum pazifischen Raum hin verlagert. Lateinamerika hat seine Grenzen zum Weltmarkt geöffnet, Brasilien, Argentinien, Chile und Peru spielen die erste Geige. Afrika, der von Europäern als verloren eingestufte Kontinent, zeigt, dass man sich nicht an die Theorie fortdauernder Unterentwicklung halten muss, sondern die ökonomischen Zentren dieser Welt angreifen kann; Südafrika, Botswana, Zimbabwe und Ghana haben den Anfang gemacht.

Zurück in die Gegenwart: Wie sehen die Stärken des Südens aus? Was ist anders als früher?

Erstens: Die Technologie ist mobil geworden. Man kann heute jede hochwertige, bedienungsfreundliche Maschine auf dem Weltmarkt kaufen und sie in Madagaskar, Indien oder Costa Rica platzieren. Maschinen stehen nicht mehr festgemauert nur auf dem Boden der Industriestaaten.

Zweitens: Der Süden produziert preiswerter. Unsere Löhne und Lohnnebenkosten stehen zu denen der neu aufstrebenden Länder in einem Verhältnis bis zu 20:1. Niedriglöhne sind allerdings nur dann welche, wenn man die Welt vom europäischen Hochsitz aus betrachtet. Niedriglöhne können in diesen Ländern – insbesondere bei exportierenden Unternehmen – Hochlöhne sein, zumal auch die Preise für das alltägliche Leben erheblich niedriger sind.

Drittens, und das ist entscheidend: Während in Asien und zunehmend auch in anderen Ländern des Südens eine Kultur unternehmerischen Handelns wirksam wird, werden bei uns antiökonomische Affekte gepflegt, Klagemauern errichtet, hängen nicht mehr wettbewerbsfähige Industrien am Tropf öffentlicher Subventionen, rufen Nieten in Nadelstreifen nach staatlicher Unterstützung, wenn ihnen die unternehmerischen Visionen abhanden gekommen sind und die Imperien wanken.

Die Europäer häufeln Festungswälle. Mit Schutzzöllen, Quotenregelungen und administrativen Barrieren versuchen sie, bessere und billigere Waren von draußen fern zu halten und sich vor dem auffrischenden Wind des Weltmarktes zu verkriechen. In Brüssel lebt ein enormer bürokratischer Wasserkopf davon, bis ins kleinste Detail festzulegen, was alles nicht oder nur bei Strafe hoher Zölle an Waren nach Europa herein darf. Schlafanzüge für Damen – Gewirke und Gestricke – zum Beispiel: Ihren Import regelt die Position 6108 der kombinierten Nomenklatur (Kn) des gemeinsamen Zolltarifs (GZT) in

Afrika, der von Europäern als verloren eingestufte Kontinent, könnte zeigen, dass man die ökonomischen Zentren dieser Welt angreifen kann

der Fassung VO Nr. 2658/87 und der VO Nr. 3174/88.

Sie sind, liebe Kollegin, nicht in der falschen Vorstellung.

Im Jahr 2020 wird sich keines Ihrer ehemaligen Kindergartenkinder mehr darauf verlassen können, einen Arbeitsplatz zu finden

Im Jahr 2020, so die Situationsanalyse, wird sich keines Ihrer ehemaligen Kindergartenkinder mehr darauf verlassen können, einen Arbeitsplatz zu finden. Zwar lässt sich hinter Festungsmauern eine Weile gut leben. Aber in die Konstruktion der Festung ist ihr Ende bereits eingebaut. Die Viren heißen Protektionismus und Dequalifizierung. Protektionismus meint: Zu teure Produkte werden staatlich subventioniert, damit sie sich auf dem Weltmarkt überhaupt noch verkaufen lassen. Die Folge: Riesige Summen öffentlicher Gelder verschwinden in Fässern ohne Boden. Und Dequalifzierung bedeutet: Hinter Festungsmauern wird man

träge, verliert den Wettbewerbsgeist, geht jener unternehmerischen Einfälle verlustig, aus denen heraus Arbeitsplätze entstehen.

Schon bröckelt die Festung. Ganze Industriezweige – Stahl, Kohle, Schiffsbau, Textil – erweisen sich als verlustbringend. Die Arbeitslosigkeit wird zum weiter wachsenden Massenphänomen, die öffentlichen Kassen werden noch leerer. Deutschland ist mit der Selbstabhaltterung befasst. Sind alle davon betroffen? Nein, wir bewegen uns auf eine Drei-Drittel-Gesellschaft zu, und man kann sich Deutschland wie eine gesprenkelte Landkarte mit Wohlstandsinseln, gefährdeten Gebieten und Elendsregionen vorstellen: Ein oberes Drittel der deutschen Bevölkerung wird Anschluss an die Wachstumsmärkte gewinnen. Diese Gruppe wird sich vom öffentlichen Elend abseilen und sich möglichst eigene Bildungseinrichtungen schaffen. Das zweite Drittel wird aus einer labilen, vom Abstieg bedrohten Mittelschicht bestehen. Das dritte Drittel wird an oder jenseits der Armutsgrenze leben – in einer wachsenden Schattenwirtschaft, nur noch von Restbeständen des sozialen Netzes gehalten. Dies alles wird so kommen, wenn wir nicht eine Wende großen Stils einleiten und nicht nur lernen, auf die eigenen Füße zu fallen und Unternehmergeist zu entwickeln, sondern auch lernen, in intelligenter Bescheidenheit zu leben (intelligent heißt: trotz knapper Ressourcen möglichst kein Verzicht auf Lebensqualität). Lebensqualität kann beispielsweise

heißen: Wiederentdeckung von Zeit und Muße, die Entwicklung einer nachbarschaftlichen Sozialkultur. Die Tage der Ressourcenverschwendung sind gezählt. Es ist unsinnig, sich in Spiralen des Konsums zu bewegen und für ständig wechselnde Fassaden von Produkten immer wieder neues Geld auszugeben. Wenn wir die Welt nicht in einen technologischen Schrottplatz verwandeln wollen, müssen wir modernstes Wissen mobilisieren, um einfachste Lösungen zu finden, Gerätschaften hoch entwickelter Einfachheit, die nicht nur lange – möglichst lebenslang – halten, sondern so gebaut sind, damit sie kosten- und ressourcensparend gepflegt und repariert werden können. Wer weniger kaufen muss, kommt auch mit weniger Verdienst aus. Wir Konsumenten haben die

Macht, solche Entwicklungen zu fördern.

Die Zeiten sind vorbei, als man im Westen glaubte, das Bildungswesen stelle die Qualifikationen bereit, die dann im Beschäftigungssystem nachgefragt würden. Wer sich entsprechend qualifiziere, würde seinen Arbeitsplatz finden. Die Voraussetzung dafür ist, dass das Beschäftigungssystem Arbeitsplätze in genügender Anzahl bereitstellt. Das ist aber längst nicht mehr der Fall und wird auf absehbare Zeit auch nicht wieder so sein. Berufe, die man einmal ergreift und beibehält, werden eher zur Mangelware. Berufliche Werdegänge werden sich aus Bruch- und Versatzstücken zusammensetzen, aus Tätigkeiten, die man nach- oder nebeneinander ausübt. Weil man als Arbeitnehmer zunehmend Gefahr

Wenn wir die Welt nicht in einen technologischen Schrottplatz verwandeln wollen, müssen wir modernstes Wissen mobilisieren, um einfachste Lösungen zu finden

Andere Zeiten – andere Werte

läuft, keinen Arbeitsplatz zu finden oder der ständigen Ungewissheit ausgeliefert zu sein, wird die Fähigkeit umso wichtiger, sich seinen Arbeitsplatz selbst zu schaffen, durch – jetzt kommt ein noch ungewohntes Wort – Entrepreneurship. Ein Entrepreneur ist ein Habenichts, der eine Vision entwickelt, sie im Markt umsetzt und dabei Geld verdient. Wichtig ist: Er/sie hat erst die Vision, die unternehmerische Idee, er/sie tüftelt an ihr, wird von ihr gepackt wie von einem Fieberanfall, entwickelt Beharrlichkeit in der Umsetzung, und erst dann kommt das Geld. Den Entrepreneuren sind die Ideen und ihre Umsetzung am Markt wichtig. Sie feilen an der Qualität der unternehmerischen Idee. Sie handeln nach dem Satz von Konfuzius: Es ist besser, ein

Licht anzuzünden, als die Dunkelheit zu beklagen. Sie sind nicht die Kapitalisten mit dem dicken Geld, die jeden Schrott produzieren und Kunden übers Ohr hauen, sondern Menschen, die sozial und ökologisch verantwortlich handeln, während sie sich und vielleicht auch anderen Arbeitsplätze schaffen.

Sollen wir alle Entrepreneure, Unternehmer von unten werden, um dem Abstiegsszenario entgegenzuwirken? Wir sollten die Grundfähigkeit dazu entwickeln. Gibt es denn sonst nichts? Doch, vieles. Aber Pädagogen tun angesichts dieser widersprüchlichen Zukunft gut daran, Kinder und Jugendliche und auch sich selbst darauf vorzubereiten, dass Arbeitsplätze nicht vom Himmel fallen. Entrepreneurship ist kein Allheilmittel, aber eine der Möglichkeiten, Wege aus drohender Resignation zu weisen. Heute und in absehbarer Zukunft heißt es, in Knappheit wirtschaften zu lernen. Der Staat ist gefordert, mit gutem Beispiel voranzugehen und durch ein Bündel von Maßnahmen zu gewährleisten, dass Arbeit umverteilt wird, dass noch vorhandene Mittel, die in unserem Land oft an unproduktiven Stellen gebunden sind oder in Subventionslöchern verschwinden, an richtiger Stelle genutzt werden: Die Bildungs- und Persönlichkeitsentwicklung unserer Kinder beansprucht hier Priorität, ihre institutionelle Förderung beginnt in jenen Einrichtungen, die durch Qualität ihrer pädagogischen Arbeit und durch Unternehmergeist geprägt sind.

Was ist wichtig am Situationsansatz?

Lernen in Lebenssituationen

Wichtig am Situationsansatz ist, dass zwar sein Fundament vor drei Jahrzehnten gelegt wurde, er aber – von dort aus – weitergeschrieben wurde und wird. Er trifft heute in Deutschland in den neuen Bundesländern zum Teil auf eine andere Realität als in den alten. Und die Situationen von Kindern, die in New York jenseits der 118. Straße in Harlem leben, unterscheiden sich von Kindersituationen in Hamburg-Blankenese oder von jenen auf der Rückseite von Rio de Janeiro.

Wenn gefragt wird: „Welches Bild vom Kind haben Sie?", könnte man zurückfragen: „Welche Wirklichkeit bieten Sie?" „Das" Kind gibt es nicht. Kinder leben in Wirklichkeiten, die für sie inszeniert sein mögen oder denen sie ausgesetzt sind – unabhängig davon existieren sie nicht. Der Situationsansatz thematisiert das Wechselverhältnis von Kind und umgebender Realität ausdrücklich und unterscheidet sich so von einigen anderen Ansätzen, die ihre „Kontextunabhängigkeit" und „Überzeitlichkeit" dadurch zu sichern trachten, dass sie das immer ähnliche bis gleiche künstliche Setting mit dem immer gleichen Programm herzustellen versuchen. Der Situationsansatz nimmt auch psychologische Anteile der Konstruktion des Bildes vom Kind mit in den Blick: Wie ich das Kind *vor* mir erlebe, hängt auch damit zusammen, wie ich mit dem Kind *in* mir zu Rande komme, in welcher Weise ich mit meiner eigenen Biographie, mit mir selbst und dem Gepäck aus meiner Vergangenheit umgehe, wie ich mich *als Kind in mir* systemisch und psychoanalytisch verorte. Dieses Wechselverhältnis zwischen dem Kind vor mir und jenem in mir aufzuklären und fruchtbar zu machen, gehört zu den schwierigen Aspekten des Situationsansatzes und verweist auf die Notwendigkeit, den Ansatz weiter zu differenzieren.

Wie ich das Kind ***vor*** *mir erlebe, hängt auch damit zusammen, wie ich mit dem Kind* ***in*** *mir zu Rande komme*

„Welches Bild vom Kind haben Sie?" „Welche Wirklichkeit bieten Sie?"

Die vier Schritte des Situationsansatzes

• Im ersten Schritt wird eine Situation aufgespürt und im Dialog mit anderen Menschen untersucht, also eine Situationsanalyse vorgenommen. Diese Untersuchung führt zur Bildung einer kleinen Theorie über die Situation. Keine Sorge – es geht hierbei nicht um die Tätigkeit eines Forschungsinstituts, sondern um Untersuchungen im Alltag. Die kleine Theorie ermöglicht und erleichtert den zweiten Schritt.

Was ist wichtig am Situationsansatz?

Situationen analysieren, Ziele festlegen, Situationen gestalten, Erfahrungen auswerten

• Der zweite Schritt besteht in der Überlegung, was an dieser Situation unter pädagogischen Gesichtspunkten wichtig ist, welche Anforderungen die Situation an Kinder stellt, welche Qualifikationen von Bedeutung sind, um in ihr handlungsfähig zu werden. Handlungsfähig meint nicht nur, die Situation zu „bewältigen", sondern auch, sie aktiv zu gestalten, mitzuteilen: „Hier bin ich, ich mache mit, bin Partner im Geschehen". Der zweite Schritt besteht mithin in der Formulierung von Zielen: Welche Fähigkeiten und Fertigkeiten sind wünschenswert? Was wollen wir erreichen? Wohin soll die Reise gehen? Die Postulate von Autonomie, Solidarität und Kompetenz spielen bei der Zielformulierung eine zentrale Rolle.

• Im dritten Schritt sind viele pädagogische Einfälle gefragt: Durch welche Aktivitäten, durch welche Lernerfahrungen lassen sich diese Qualifikationen fördern und Kompetenzen erwerben? Wie kann man jenes forschende, entdeckende Lernen ermöglichen und Kinder anregen, Probleme, wenn's geht, selber zu lösen, Barrieren selber zu überwinden und sich möglichst mit Vergnügen die Welt zu erschließen? Wir haben in den Kindertagesstätten die Chance, Kindern zu verdeutlichen, dass die Aneignung und Gestaltung der Welt eine lernintensive Forschungsexpedition ist; Kinder lernen dann nicht weniger, sondern motivierter, mehr und sinnvoller.

• Im vierten Schritt geht es darum, Erfahrungen auszuwerten und zu überlegen, wie es weitergehen könnte.

„Nimmt man den Kindern ihre Kindheit, wenn man sie in Realsituationen lernen lässt?"

Kinder befinden sich immer in Situationen, die Frage ist nur, in welchen. Ein nicht unwesentlicher Teil des Lebens von Kindern wird durch Situationen innerhalb pädagogischer Institutionen bestimmt: Je mehr diese Situationen durch Abschottung vom übrigen Geschehen, durch Aufbewahrung und Routine geprägt sind, desto weniger Lernchancen enthalten sie. Man nimmt Kindern wohl eher ihre Kindheit, wenn man sie von der Entdeckung der Welt fern hält und sie in gut gemeinte Käfige steckt. Man würde Kinder aber auch dann ihrer Kindheit berauben, wenn man sie einfach der Straße auslieferte und dem freien Spiel der Kräfte überließe. Dass Millionen von Kindern dann trotzdem überleben, gibt nur Hinweise auf ihre Stärke, wird uns aber nicht veranlassen, Kinder in ungeschützte Räume zu entlassen.

Im Situationsansatz geht es nicht darum, besonders problematische oder schwierige Situationen auszuwählen, sondern solche, die von Kindern auf ihrer Entdeckungsreise mitdefiniert werden. Es ist entscheidend, ob die Kinder mit ihren Deutungen von Situationen zu Wort kommen und ernst genommen werden. Das schützt auch davor, Kinder mit Erwachsenenproblemen zu behelligen.

„Was ist eine Situation und welche greife ich auf?"

Was eine Situation ist, entscheiden letztendlich Sie. Sie müssen die Komplexität des Geschehens, das Sie beobachten, reduzieren und sagen: Das ist die Situation, die ich jetzt wichtig finde. Wo fangen Situationen an und wo hören sie auf? Möglicherweise nirgendwo, sie haben ihre Vor- und Nachgeschichte. Irgendwann aber fischen Sie eine heraus, nehmen einen Teil des Prozesses genauer unter die Lupe und sagen: „Dieser Teil scheint mir geeignet zu sein, Kindern Erfahrungen zu vermitteln."

Zwei Beispiele – eines aus der Nähe und eines aus der Ferne.

Das erste Beispiel: Erzieherinnen in einer deutschen Großstadt fällt auf, dass einige Kinder vom Wochenendbesuch bei den Großeltern berichten, als seien sie auf einem anderen Stern gewesen. Die Erzieherinnen beobachten andere Kinder, sprechen mit den Eltern, fragen nach Kontakten zwischen den Generationen und finden, dass es – im Zeitalter der entschwundenen Großfamilie, der zerfallenden Kleinfamilie und der allgemeinen Mobilität – bereits ein Problem darstellt, den Kontakt zwischen den Generationen aufrechtzuerhalten. Zwei Ideen tauchen auf. Man könne in einigen Mietshäusern des Einzugsbereichs die isoliert wohnenden alten Leute mit den isoliert wohnenden jungen Kindergartenfamilien in Kontakt bringen und Patenschaften stiften (eine Idee, die etwas zu kühn war, um umgesetzt zu werden). Oder man könne alte Menschen einladen, in den Kindergarten zu kommen und mit den Kindern zu spielen (eine Idee, die verwirklicht wurde). Zuvor fanden viele Gespräche mit alten Menschen statt, um herauszufinden, ob sie das auch wollten und konnten. Diese Gespräche förderten Widersprüchliches zu Tage. Es gab Menschen, denen fast die Tränen kamen, weil sie überhaupt angesprochen wurden, und andere, die die Frage nach Kontaktbereitschaft barsch abwimmelten: Sie hätten mit ihren eigenen Kindern schon genug schlechte Erfahrungen gesammelt. Hier interessiert vor allem der

Es ist entscheidend, ob die Kinder mit ihren Deutungen von Situationen zu Wort kommen und ernst genommen werden

Was ist wichtig am Situationsansatz?

Die Erzieherinnen entwickeln eine Spürnase dafür, was alles hinter den kleinen Ereignissen stecken könnte

Anfang der Geschichte und die Auswahl der Situation, nicht so sehr, was die Mitwirkungsbereiten unter den alten Leuten, die Kinder und Erzieherinnen alles zusammen unternommen haben.

Es war ein kleiner Anlass: die Mitteilung eines Kindes, der Sonntagsbesuch sei langweilig gewesen, weil die Erwachsenen nur unter sich geredet hätten. Andere Kinder berichteten vom Flohhüpfspiel der Großmutter oder von ihrem Fotoalbum. Die Erzieherinnen entwickeln eine Spürnase dafür, was alles hinter den kleinen Ereignissen stecken könnte, nämlich das entfremdete Verhältnis zwischen den Generationen, die sich in Einzelfällen nur noch zu Weihnachten, Hochzeiten oder Begräbnissen treffen und sich dann emotional eher belastet fühlen.

Es gab und gibt Alphabetisierungskampagnen in Lateinamerika, die mit dem Situationsansatz korrespondieren

Das zweite Beispiel: Es gab und gibt Alphabetisierungskampagnen in Lateinamerika, die mit dem Situationsansatz korrespondieren. Im Dialog mit jenen, die Lesen und Schreiben lernen wollen, werden Schlüsselsituationen und -themen ermittelt, auf die sich dann das Lernen bezieht. Die Alphabetisatoren kommen beispielsweise in ein im peruanischen Hochland gelegenes Dorf, leben dort für eine kleine Weile, beobachten den Alltag, sprechen mit den Menschen und identifizieren Schlüsselthemen: Wo liegen die offenen und versteckten Probleme des Dorfs, wo die Entwicklungsmöglichkeiten? Als Erstes stoßen sie auf das Problem Wohnen. Dorfbewohner klagen über

die schlechte Substanz ihrer Lehmhütten. Bei starkem Regen würden sie hinweggespült oder zusammenbrechen.

Die Alphabetisatoren fragen, ob man etwas tun könne. Nein, antworten die Bewohner, tun könne man nichts. Oder vielleicht doch: Die Regierung solle ihnen Geld geben, dann könnten sie bessere Häuser bauen lassen. Die Alphabetisatoren sagen, die Regierung sei weit weg, Geld würden sie von ihr bestimmt nicht bekommen, und es sei auch sonst keiner da, der ihnen Häuser baue. Die Alphabetisatoren erörtern untereinander die Frage, ob sie auf ein Schlüsselproblem gestoßen seien, bejahen dies und malen ein Plakat. Auf ihm ist ein schönes Haus zu sehen, darunter steht das Wort *casa*. Die Alphabetisatoren finden noch andere Schlüsselthemen, bringen jedes Thema auf einen Begriff – zum Beispiel: „Baumwollernte", „Trinkwasser", „Genossenschaft" –, malen Plakate dazu und entwickeln damit ihr Programm; die „Fibel" besteht aus vielleicht zwanzig oder dreißig Plakaten.

Die Bewohner treffen sich weiter mit den Alphabetisatoren und entwickeln im Dialog Lösungen zum Thema *casa*, die nicht auf die Regierung im fernen Lima angewiesen sind: Einer baut aus selbst hergestellten Ziegelsteinen ein besseres Haus, und alle, die später auch ein besseres Haus haben wollen, helfen ihm dabei. Danach hilft er wiederum bei den anderen mit, nach und nach kommt jeder so zu seinem Haus. Das Wort *casa* bekommt nun einen neuen realen Gehalt, und es ist nahe liegend, dass das Lesen und Schreiben anhand solcher Schlüsselbegriffe leichter fällt und Sinn macht.

Indem sie die Beobachtungen und Gespräche auswerteten, entscheiden die Alphabetisatoren, welche Situationen und Themen von besonderer Bedeutung sind. Sie bleiben nicht bei ersten Deutungen der Beteiligten stehen („die Regierung soll uns Geld geben"), sondern setzen den Dialog fort, sodass die Bewohner lernen, auf die eigene Kraft zu vertrauen, Situationen nicht als schicksalhaft (entweder die Regierung gibt Geld oder nicht), sondern als beeinflussbar zu begreifen (und die besseren Häuser selbst zu bauen).

Hinter einem Anlass eine Schlüsselsituation zu erkennen, fällt in die Kompetenz der Erzieherinnen, so wie es in der Entscheidung der Alphabetisatoren liegt, aus dem Alltagsgeschehen ein Schlüsselthema herauszufiltern. Dass die Erzieherinnen die Situation nicht nur aufgreifen, sondern sie auch mit den beteiligten Kindern und Erwachsenen untersuchen, sich auf diese Untersuchung ihren Reim machen und daraus intelligente Ideen ableiten, gehört zu den Qualitäten des Teams, das sich dieser Thematik angenommen hat.

Wer also wählt die Situation aus? Zuerst Sie. Wer befindet darüber, ob es eine bedeutsame Situation ist oder sein könnte? Sie. Wer schützt Sie davor, eine beliebige, pädagogisch unergiebige Situation zu wählen? Sie schützen sich selbst, indem Sie sich probeweise von einer Begebenheit,

einem Anlass, von einer Beobachtung ausgehend auf eine Situationsanalyse einlassen. Manchmal steckt nichts Wichtiges und Greifbares dahinter – wie Sand, der Ihnen zwischen den Fingern zerrinnt. In anderen Fällen werden Sie fündig. Sie recherchieren und merken mit der Zeit, wie ergiebig die Situation ist. Sie merken das unter anderem daran, wenn diejenigen Kinder, die mit Ihnen auf die Entdeckungsreise gehen, interessiert bis fasziniert sind und sich auf die Situation wirklich einlassen.

Es mag sein, dass die Kinder Sie dabei von einer Situation zur nächsten führen, sodass aus dem Geburtsspiel ein Trennungsspiel oder aus dem Rollenspiel „Im Krankenzimmer" ein Eincreme-, Einwickel- und Auswickelspiel wird, das mehr mit Zärtlichkeit als mit Wundversorgung zu tun hat, und das ist dann auch gut. Die für Kinder bedeutsamen Situationen finden wir, indem wir uns immer wieder der Führung kindlicher Pfadfinder anvertrauen: Oft thematisieren sie Situationen unmittelbar, mitunter verhalten sie sich wie ein Ausrufezeichen, manchmal sind die Hinweise versteckter. Ein Kind, das mit maskenhaftem Gesicht in die Gruppe kommt, mag etwas in sich hineinfressen, was Sie mit Vorsicht in Erfahrung bringen können. Ein Kind, das täglich über Stunden vor dem Fernseher zubringt, empfindet seine Situation nicht als Problem, wohl aber können Sie sie so empfinden. Kann man „große" Situationsbereiche von „kleinen" (alltäglichen) Situatio-

Hinter einem Anlass eine Schlüsselsituation zu erkennen, fällt in die Kompetenz der Erzieherinnen

Die für Kinder bedeutsamen Situationen finden wir, indem wir uns immer wieder der Führung kindlicher Pfadfinder anvertrauen

Kann man „große" Situationsbereiche von „kleinen" Situationen unterscheiden?

nen unterscheiden? Ja. Paulo Freire spricht davon, dass sich durch gesellschaftliche Entwicklungen existenziell bedrohliche Konstellationen herauskristallisieren können, die die Lebensverhältnisse vieler Menschen berühren. Man kann von der Analyse solcher Konstellationen ausgehen und auf *deduktivem* (vom Allgemeinen zum Einzelnen) Weg Schlüssel- und Alltagssituationen aufspüren. Beispiel: In Brasilien herrscht eine extrem ungleiche Verteilung des Bodens zugunsten von Großgrundbesitzern vor, ihnen stehen als Opfer des Verdrängungsprozesses landlose Kleinbauern und Tagelöhner gegenüber. Große Teile der Ländereien liegen brach, andere werden maschinell-landwirtschaftlich genutzt, sodass mit der sich entwickelnden Technologie die Arbeitsplätze wegfallen. Die Schlüsselprobleme – Freire spricht von „generativen Themen" –, die sich hier herausbilden, sind von existenzieller Bedeutung und bestimmen zahlreiche Situationen mit. Kleinbauern wandern mit ihren Familien aus dem Nordosten in den industrialisierten Süden und siedeln sich in den Slums der Peripherien von São Paulo oder Rio de Janeiro an. Andere Landlose, die sich in der sozio-politischen Bewegung *movimento sem terra* organisieren, versuchen brachliegendes, verödetes Land zu besetzen und zu bestellen. Ob sich Migranten nun in einer Favela niederlassen und Landlose ein paar Hektar Boden besetzen: Sie werden zahlreiche Situationen erleben, die mit der Existenzsicherung, der Ar-

beit, dem Einkommenserwerb, dem sozialen Leben zu tun haben und auch unmittelbar die Lebensverhältnisse von Kindern mitbestimmen. Nehmen wir ein anderes, eher *induktiv*, also vom Einzelnen zum Allgemeinen gehendes, ermitteltes generatives Thema – diesmal aus unseren pädagogischen Einrichtungen –, das der „mechanisierten Routine". Eine Sequenz aus einem dokumentarischen Video, das vom Team um den Kleinkindforscher Kuno Beller in einer Kinderkrippe aufgenommen wurde: Die Erzieherin sitzt auf einem Stuhl am Tisch. Sie legt ein Baby in leichter Schräglage quer über ihren Schoß, klemmt die rechte Schulter des Babys unter ihre linke Schulter und hält das linke Händchen des Babys mit ihrer linken Hand fest. Sie führt mit ihrer rechten Hand den Löffel vom Teller auf dem Tisch zum Mund des Babys. Während der Löffel in den Mund des Babys fährt, schwenkt die Erzieherin ihn nach rechts und schiebt ihn, während sie den Brei mit der Breitseite des Löffels hinter den oberen Kiefer drückt, über den linken Mundwinkel des Babys wieder heraus und streift dabei mit der Kante des Löffels den Breirest ab, den das Baby während der Nahrungsaufnahme mit seiner Zunge nach außen drückt. Sie wiederholt diese Bewegung in rascher Folge. Das eingeklemmte Baby wird unlustig, ein Fuß bewegt sich zuckend, es fängt an zu schreien. Die Erzieherin nimmt den Teller in die linke Hand, die zugleich unter dem Teller die Hand des Babys weiter festhält, beschleunigt ihre Bewegungen, leert den Teller und hält das Baby hoch, um es aufstoßen zu lassen. Dauer des Vorgangs: drei Minuten und zehn Sekunden. Anzahl der Fütterungsbewegungen: vierzig. Es wurde der Erzieherin, nachdem sie ihr Verhalten im Video auswerten konnte, rasch klar, wo sich Veränderungen anbieten. Ein Baby muss nicht eingeklemmt werden. Auch Essen hat mit Autonomie und Kompetenz zu tun. Situationsansatz in der Krippe kann hier bedeuten, gleichsam im Mikrokosmos den Kindern die zureichende Chance zuzugestehen, beim Essen langsam selbstständiger zu handeln, zu experimen-

tieren, sich in den Bewegungsabläufen zu irren und zu verbessern, mit Zeit, Lust, Neugierde und auch ein bisschen selbst auferlegter Anstrengung zu lernen, den Löffel samt Brei irgendwann zielgenau zum Mund zu führen.

„Wie kann man Willkür bei der Auswahl von Situationen vermeiden?"

Indem man eine kleine Theorie über die auf Probe ausgewählte Situation entwickelt, prüft, ob sie mit einem generativen Thema zusammenhängt und sich eine Position erarbeitet, sie

Auch Essen hat mit Autonomie und Kompetenz zu tun

Was ist wichtig am Situationsansatz?

*Ist es denn **Ihre** Aufgabe, über den Lauf der Welt nachzudenken und daraus Konsequenzen abzuleiten?*

also pädagogisch einschätzt, ist Willkür und Beliebigkeit kaum mehr möglich.

Zurück zum Anfang dieses Buches: Kinder im Niederstaufener Kindergarten spielen Scheidung, zwei Väter haben sich aus der Familie abgemeldet. Immer mehr Kinder werden in der Bundesrepublik in Familien hineingeboren, deren Konstellation sich ändern wird. Eltern trennen sich, neue Partner kommen hinzu, quer einsteigende Geschwister tauchen auf: keine neue Großfamilie, aber doch eine Gruppierung, innerhalb derer es viel zu lernen gibt – zum Beispiel Verlässlichkeit und Kontinuität in der Beziehung zwischen Eltern und Kindern, auch nachdem sich Erwachsene als Partner getrennt haben. Es mag ja sein, dass viele Männer noch immer der Meinung sind, zum Bruch mit der Ehefrau gehöre auch die Trennung von den Kindern. Dies aber widerspricht dem gesunden Menschenverstand und vielfältigen Erfahrungen. Langfristig angelegte Untersuchungen bestätigen, wie wichtig eine fortdauernde intensive Beziehung zwischen Kindern und beiden Elternteilen für die weitere Entwicklung der Kinder ist.

Folgen Sie diesem Erkenntnisstand, dann werden Sie die Kinder einerseits ermutigen, die Probleme im Rollenspiel auszudrücken. Sie werden darüber hinaus vielleicht die beteiligten Erwachsenen – insbesondere die Väter – in vorsichtiger Form darin stärken, in ihrer Rolle als Eltern – nicht als Ehepartner – weiterzuleben und -handeln.

Immer mehr Kinder werden in Familien hineingeboren, deren Konstellation sich ändern wird

Man könnte fragen: Ist es denn *Ihre* Aufgabe, über den Lauf der Welt so nachzudenken und daraus Konsequenzen für die Bildung und Erziehung der Ihnen anvertrauten Kinder abzuleiten? Schön wäre es ja, wir hätten eine Kommission aus Sachverständigen, die die Entwicklungen unserer Lebensverhältnisse unter pädagogischen Kriterien analysieren und Anregungen zum Handeln geben würde. Die gibt es aber nicht. So sind Sie gefordert, die Anstrengung des Gedankens auf sich zu nehmen und Situationen pädagogisch zu erschließen. Hinweise darauf, nach welchen Kriterien Sie dabei verfahren können, finden Sie im Kapitel „Planung konkret" und in allen Bänden der Praxisreihe zum Situationsansatz.

Erwachsenen- und Kindersituationen

Als das Team des Projektes Kindersituationen 1991 mit der Arbeit begann, griff es auf eine Erfindung der kurzen, friedlichen Revolutionsgeschichte der Zeit um 1989 zurück, den Runden Tisch: An verschiedenen Orten der neuen Bundesländer trafen sich Menschen mit unterschiedlichem Hintergrund, um über die Verhältnisse und ihre persönlichen Befindlichkeiten zu sprechen. Zunächst gerieten Situationen der Erwachsenen in den Blick, zunächst bestand die Tendenz, eine Klagemauer zu errichten und über den Verlust an Sicherheit, über Hektik oder über das Gefühl zu sprechen, überrollt zu werden. In der Bearbeitung ging es dann darum, die neuen Möglichkeiten, die vielleicht realisierbaren Chancen herauszuarbeiten. Wurde anschließend dann gefragt, ob solche Lebensverhältnisse von Erwachsenen auch die Situationen von Kindern beeinflussen würden, war die Antwort in der Regel: Ja, Kinder sind unmittelbar oder mittelbar davon betroffen. Allerdings können Situationen „unten" anders aussehen als „oben" bei den Erwachsenen, auch wenn die Zusammenhänge offenkundig sind. Deshalb geht es nicht an, Situationen „oben" einfach zu Situationen „unten" zu erklären; Kindersituationen haben ihre eigenen Qualitäten.

Wollte man dem Situationsansatz vorhalten, er würde dazu neigen, Erwachsenen- und Kindersituationen in eins zu setzen, so wäre das nicht richtig. Er spiegelt allerdings die Zusammenhänge wider: Die Arbeitslosigkeit der Eltern hat Auswirkungen nicht nur auf das Leben der Erwachsenen, sondern – in anderer Qualität – auch auf das Leben von Kindern. Man kann auf der Ebene von Kindern zahlreiche Situationen erleben, die durch die Arbeitslosigkeit von Erwachsenen mitgeprägt sein können – vom Alkoholismus der Erwachsenen angefangen bis hin zu Depressionen oder Aggressionen. Es sind Verhältnisse und Verhaltensweisen, die Kinder nicht unberührt lassen (siehe auch den Band: Das soll einer verstehen. Wie Erwachsene und Kinder mit Veränderungen leben, in dieser Praxisreihe, S. 58 ff.). Und auch in einer besseren Lage – nehmen wir an, die Existenzgründung der Eltern hat die Anfangsschwierigkeiten überwunden – kann das Klima, hier das Gründungsklima, die Kinder motivieren und anregen, ihnen aber auch viel Zeit ohne ihre Eltern abverlangen.

Es geht nicht an, Situationen „oben" einfach zu Situationen „unten" zu erklären

Was ist wichtig am Situationsansatz?

„Soll ich warten, bis sich eine Situation ergibt?"

In vielen Fällen wird es Anlässe geben, die die Kinder und Sie motivieren, sich einer Situation zuzuwenden. Es kann aber auch sein, dass eher unspektakuläre Ereignisse Sie auf die Spur führen, die Erkenntnis, dass ein generatives Thema wichtig genug ist, aufgegriffen zu werden; dann zum Beispiel, wenn viele alltägliche Situationen davon berührt werden. Man denke beispielsweise an Fragen des sparsamen Umgangs mit natürlichen Ressourcen oder an den Widerstand gegen Versuche der Werbung, bei Kindern ständig neue Wünsche und entsprechende Kaufinteressen herauszukitzeln.

Kinder bilden sich ihre eigenen Theorien über Situationen

„Wer hilft mir bei der Situationsanalyse?"

Zunächst helfen einmal die Kinder – zum Beispiel mit Aussagen und Auf-

fassungen zum Thema Geld: „Wenn das Geld alle ist, zanken sich Mutti und Vati." „Fußballer und Boxer kriegen sehr viel Geld." „Meine Mutti kauft das Geld in der Sparkasse." „Ich kaufe mit Mutti immer das, was wir in der Fernsehwerbung gesehen haben."
Oder zu Ängsten beim Einschlafen: „Ich habe Angst vor Räubern und Einbrechern. Bei mir war auch ein Geist, ein Nachtgespenst, im Zimmer und wollte klauen. Ich bin an die Wand gekrabbelt und habe alles kaputtgemacht."
Und wenn man krank ist? „Krankheiten kommen aus der Luft, ganz oben vom Himmel, und Schlangen gibt's, giftige." „Die Ärzte sind ganz weiß angezogen und haben ein Band vor dem Mund, damit sie nicht schreien können oder weil sie nicht sprechen wollen, warum weiß ich nicht."
Kinder bilden sich ihre eigenen Theorien über Situationen, und es ist wichtig, dass Sie möglichst viel davon erfahren, ihre Sinndeutungen zunächst verbindlich nehmen und Kinder behutsam dort abholen, wo sie sind.
Sie können mit Kindern zusammen die Situation – hier als Beispiel die künftige Schule – erkunden: Wie kommt man in die Schule hinein, wenn die große Tür zu ist? Wo kann man mittags etwas essen? Wie lange dauert eine Unterrichtsstunde?
Also hingehen und es selbst herausfinden: Der Schulleiter erklärt den Türgriff an der großen Tür, erläutert das Prinzip der Selbstbedienung im

Speisesaal, zeigt die Toiletten, lässt die Kindergartenkinder zur Pause mit auf den Schulhof. Dann ein Besuch im Unterricht. Das Wort „Oma" ist gerade dran. Schüler heben merkwürdigerweise die Hand, wenn sie etwas sagen wollen. Was bedeutet „üben"? Und was alles verbirgt sich in einer Schulmappe? Wie finde ich den sichersten Weg zur Schule? (Siehe auch den Band: Was heißt hier schulfähig? Übergang in Schule und Hort, in dieser Praxisreihe.)

Situationserkundungen sind mehr als nur Erkundungen, es sind aktive Auseinandersetzungen mit wirklichen (oder vermeintlichen) Geschehnissen, zu denen Kinder sich recherchierend verhalten.

Nähern Sie sich einer solchen Situation, sind Sie die Mitentdeckerin eines auch Ihnen oft unbekannten Geländes. Sie nähern sich ihm über verschiedene Zugänge, nehmen es genauer unter die Lupe, laden geeignete Personen, vor allem auch Eltern, zur Mitarbeit ein, bedienen sich nützlicher Hilfsmittel und Quellen. Sie beobachten, sind neugierig, bilden sich eine Meinung, reden mit anderen über Ihre Einschätzung, lesen Einschlägiges, korrigieren Vorurteile, beobachten erneut. Das Fazit, das Sie aus all dem ziehen, die pädagogischen Ziele, die Sie nun verfolgen, stellen so etwas wie eine begründete Entscheidung dar. Am Ende ist es Ihre Entscheidung.

Situationserkundungen sind aktive Auseinandersetzungen mit wirklichen (oder vermeintlichen) Geschehnissen

Die Welt verstehen: Lernen in Sinnzusammenhängen

An der Tafel müht sich der Lehrer, einen mathematischen Beweis zu führen, weiter hinten dösen Schüler, träumen sich von dannen, spielen Karten, langweilen sich. (Fast) niemand weiß, wo es lang geht, warum, für wen, mit welchem Sinn und Zweck dies geschieht. Unterricht der alten Art wird zum Motivationskiller, weil er Lernstoffe in Einzelteile zerlegt, den Überblick behindert, nicht auf die Verbindung von Theorie und Praxis, von Reflexion und Aktion setzt, weil er Lerninhalte aus ihrem sozialen Kontext herauslöst, atomisiert, ihnen den Sinn nimmt.

Wer die Vermittlung von Kenntnissen, Fähigkeiten und Fertigkeiten in einer Weise gestaltet, die den Sinn abhanden kommen lässt, befördert Menschen, die nach solchen Sinnzusammenhängen nicht mehr fragen, sondern das Gelernte willfährig abrufen lassen. Technische Kompetenz und soziale Kompetenz driften dann leicht auseinander; es werden Technokraten gefördert, die ihre technische Intelligenz einsetzen, ohne die sozialen und/oder ökologischen Voraussetzungen und Folgen ihres Tuns mit zu bedenken.

Wir Deutschen haben uns hier mit einer besonderen Hypothek aus der Vergangenheit auseinander zu setzen: Wer Aussagen der Schergen des Dritten Reiches vernahm – etwa des Organisators der Vernichtungstransporte, Adolf Eichmann, oder des Kommandanten von Auschwitz,

„Die Forderung, dass Auschwitz nicht noch einmal sei, ist die allererste an Erziehung", schreibt Adorno

Rudolf Hess, hat diese Spaltung in Dr. Jekyll und Mr. Hyde – hier der freundliche Familienvater, Musik- und Hundeliebhaber, dort der millionenfache Lebensvernichter – miterleben können; gespaltene Biedermänner, Massenmörder, Jedermänner. Das ist ja das Erschreckende, dass wir uns nicht damit herausreden können, einige Monster seien es gewesen. Theodor W. Adorno und Max Horkheimer, Sozialwissenschaftler und Begründer der Frankfurter Schule, haben mit anderen Wissenschaftlern in einer Studie über die autoritäre Persönlichkeit Strukturen jener Menschen freizulegen versucht, die Befehlen von oben gehorchend und sich Kollektiven bedingungslos unterwerfend dem Nationalsozialismus zuliefen. „Die Forderung, dass Auschwitz nicht noch einmal sei, ist die allererste an Erziehung", schreibt Adorno in seinem berühmten Essay „Erziehung nach Auschwitz".

Lernen in Sinnzusammenhängen, eine Grundforderung des Situationsansatzes vor diesem historischen Hintergrund, meint den sehr bescheidenen Versuch, Menschenkindern ein Stück Widerstandskraft zu vermitteln gegenüber dem Missbrauch ihrer Kompetenz durch Autoritäten, Verführer, Demagogen. Sie zu Demokraten zu erziehen, ist ein anderes wichtiges Ziel, das in diesem Zusammenhang steht.

Lernen in Sinnzusammenhängen bedeutet Verzicht auf:

„Jetzt tu das!" „Warum?"
„Und jetzt tu das!" „???"
„Und dies." „?"
„Und dies." „-."
„Und dies." „---."
Irgendwann hören die Gegenfragen bei Kindern auf, und übrig bleiben geschobene, passive, willfährige Erfüllungsgehilfen, für die es am wenigsten anstrengend ist, wenn sie nicht einmal mehr einen Gedanken daran verschwenden, warum Erwachsene dies und das und jenes von ihnen verlangen, sondern es einfach tun. Es ist, wie wenn Hirnströme aussetzen und das kindliche Vermögen erheblich verringert wird, zu fragen, zu hinterfragen, begründet dagegenzuhalten, neugierig zu bleiben, zunehmend die Zusammenhänge zu erkennen.

Heute ist der Umgang zwischen vielen Erwachsenen und Kindern dialogischer geprägt, Positionen und Übereinkünfte werden verhandelt. Es bedarf dabei Erwachsener, die begründend mit verhandeln, die Partner sind.

Das Ziel, sachbezogenes Lernen nicht in Abspaltung von, sondern innerhalb solcher sozialer Zusammenhänge zu fördern, wendet sich mithin gegen die bei Erwachsenen vielfach beobachtbare Praxis, dass sie ihre technischen und instrumentellen Fähigkeiten einsetzen, ohne in der gleichen Weise die sozialen Voraussetzungen und Auswirkungen ihrer Fähigkeiten und Handlungen mit zu überlegen und zu berücksichtigen: Sie konstruieren eine Brücke, durchpflügen den Wald und zerstören ein Erholungsgebiet. Sie bauen eine Trabantensiedlung und vergessen die sozialen Einrichtungen. Sie entwerfen einen Arbeitsprozess und muten den davon Betroffenen schwere gesundheitliche Schäden zu.

Der Situationsansatz stellt hier eine deutliche Alternative zu Funktionstrainingsprogrammen dar, die auf die isolierte Förderung von Kenntnissen und Fähigkeiten setzen. Einer der Promotoren der Mengenlehre in westdeutschen Kindergärten der späten sechziger Jahre hat einmal gesagt, es sei ihm egal, ob Kinder Untermengen an Bällen oder Panzern bilden würden. Genau das ist es nicht. Mathematik, diese Königin der Wissenschaften, abstrahiert von sozialen Kontexten, sie sind, sagt der Philosoph Ernst Bloch, einem Akt kollektiven Vergessens anheim gefallen. Es ist nicht Teil der Physik, die sozialen Begleitumstände der Bedienung einer Maschine zum Gegenstand zu machen. Wir verfügen über keine Sozio-Mathematik, Sozio-Chemie oder Sozio-Physik. Kinder schon eher. In ihren Alltagstheorien rückt das Ich ins Zentrum der Welt. Ein Kind kann einen Erwachsenen (dies Beispiel stammt von Hans Zulliger, dem psychoanalytischen Pädagogen aus der Schweiz) mit der Frage „Warum wirft dieser Baum Schatten?", so lange bedrängen, bis dieser Erwachsene nicht nur rein naturwissenschaftliche Antworten gibt, sondern den Bezug zum Kind herstellt und beispielsweise sagt: „Damit *du* dich unter den Baum setzen kannst und es kühl hast." Das meint auch, dass sich

Mathematik, diese Königin der Wissenschaften, abstrahiert von sozialen Kontexten, sie sind, sagt der Philosoph Ernst Bloch, einem Akt kollektiven Vergessens anheim gefallen

Was ist wichtig am Situationsansatz?

Das an Schlüsselsituationen orientierte Lernen eignet sich „wissenschaftliches" Wissen wie auch Erfahrungswissen an, bündelt und nutzt es zur Aufklärung von Situationen und Sachverhalten

Wissen mit Emotionen verbindet und den ganzen Menschen erfasst. Philippinische Kinder im Slum von Manila rings um den Smokey Mountain, dem kadavergleichen rauchenden Müllberg der Stadt, haben ihre eigenen Theorien über jenen elektrischen Strom entwickelt, der im Gewirr der Leitungen zwischen den Hütten fließt. *Flying connections* nennen die Erwachsenen die Praxis, den Strom nicht-legalisiert von einer Hauptleitung abzuzapfen. Für die Kinder ist es lebensnotwendig zu wissen, welche Kabelenden sie mit welchen anderen Kabelenden *nicht* in Berührung bringen dürfen, und warum dies so ist. Dieses Warum unterscheidet sich von dem der

Erwachsenen erheblich, wobei es in sich stimmig sein mag. Gäbe es dort einen Kindergarten, wäre es für die Erzieherinnen wichtig, die Deutungen der Kinder ernst zu nehmen und sie behutsam mit naturwissenschaftlicher Aufklärung anzureichern – der einfache Verlust funktionaler Alltagstheorien könnte tödliche Folgen haben.

Man braucht viel Wissen, um sich in der nahen Welt kompetent zu verhalten. Man muss das Wissen, das in Schulfächern oft an falscher Stelle gefesselt ist, herausbrechen und auf das eigene Problem beziehen. „Akademisches" Wissen allein reicht aber nicht, man braucht das Erfahrungswissen von Menschen, die vor ähnlichen

*Newton'sches Gravitationsgesetz

Problemen standen und sie gelöst haben. Wenn Kinder eines Kindergartens auf der sandigen Nordseeinsel Spiekeroog im Garten Tomaten pflanzen wollen, genügt es nicht – wie es vielleicht im Gartenbuch steht – Humus dazuzugeben. Die erfahrenen Insulaner werden den Kindern raten, den Boden zunächst einmal mit Lehm zu mischen, damit das Regenwasser eine Weile gehalten wird und nicht gleich versickert.

Das an Schlüsselsituationen orientierte Lernen eignet sich „wissenschaftliches" Wissen wie auch Erfahrungswissen an, bündelt und nutzt es zur Aufklärung von Situationen und Sachverhalten. Ein Hortkind hat sich beim Sturz mit einem Fahrrad eine tiefe, stark blutende Wunde im Unterschenkel zugezogen. Das Bein wird abgebunden, die Wunde in der Ambulanz versorgt. Auch für Kinder, die den Vorfall nur beobachtet haben, ist dies ein wichtiges Ereignis, das Fragen auslöst, zum Beispiel die, warum nicht alles Blut aus dem Körper ausläuft, wenn man sich verletzt hat. Warum? Wer weiß das auf Anhieb? Also recherchieren und Überlegungen darüber anstellen, wie Kindergartenkinder die Zusammensetzung des Blutes mit roten und weißen Blutkörperchen, Blutplättchen und Blutplasma in Erfahrung bringen und verstehen können, dass die Blutplättchen für die Gerinnung des Blutes zuständig sind: Die Kinder, die die roten Blutkörperchen spielen (und für den Sauerstofftransport zuständig sind), mit einem roten Stirnband ausrüsten, die Kinder, die die weißen Blutkörperchen darstellen (und Krankheitserreger bekämpfen), mit einem weißen Stirnband kennzeichnen. Die Blutplättchen-Kinder sind durch ein blaues und die Bakterien durch ein gelbes Band kenntlich. Dann Tische im Kreis stellen, unter denen das Blut durchfließen kann und sich die Kinder drängeln werden. Nun einen Tisch wegnehmen, eine Verletzung simulieren und spielen, wie die Bakterien einzudringen versuchen, wie sich die weißen Blutkörperchen mit ihnen balgen und die Blutplättchen die Wunde verschließen und eine Kruste bilden. Und dann vielleicht einen warmen Tee zubereiten und eine Geschichte hören, weil man so fest arbeiten musste und die Patientin etwas Ruhe braucht.

Gesagt, getan, aber das braucht ja nicht das Ende sein. Denn nun könnten Kinder auf die Frage kommen, warum einem bei Fieber so warm wird, und ob das vielleicht damit zusammenhänge, dass es bei Ringkämpfen zwischen weißen Blutkörperchen und Bakterien eben heiß hergehe. Ja, vielleicht schon, könnten Sie nun als halbwegs erschöpfte Erzieherin und Mitlernende sagen, aber vielleicht ist es – fragen Sie Ihren Arzt oder Apotheker – auch viel komplizierter. Macht nichts. Hauptsache, Sie blocken das Erkenntnisinteresse nicht ab, sondern verdeutlichen den Kindern, dass Sie kein wandelndes Lexikon seien, man aber gemeinsam auf weitere Entdeckungsreisen in Richtung Körper gehen könne: Da tun sich fast unendliche Geschichten auf. Denn Lernen in

Man muss das Wissen, das in Schulfächern oft an falscher Stelle gefesselt ist, herausbrechen und auf das eigene Problem beziehen

Lernen in Sinnzusammenhängen kann zu Kettenfragen und -reaktionen führen und in einen Prozess zunehmender Aufklärung und Aneignung der Welt münden

41

Was ist wichtig am Situationsansatz?

*Den Situations-
ansatz verkennen
hieße, die Tür zum
Leben zu zu lassen
und stattdessen nur
die Frösche von
Seite 11 des Bastel-
buches zu basteln*

Sinnzusammenhängen kann zu Kettenfragen und -reaktionen führen und Pfade der Erkenntnis erschließen, die verschlungen und im Zickzack verlaufen, Wendeschleifen enthalten und in einem Prozess zunehmender Aufklärung und Aneignung der Welt münden.

Der Situationsansatz enthält ganz ausdrücklich einen Bildungsanspruch, der, würde man den Ansatz nur auf soziales Lernen reduzieren, verloren ginge. Es ist deshalb wichtig, Situationen darauf zu befragen, welches Bildungspotential in ihnen steckt, welche Chancen sie im Sinne des forschenden, entdeckenden Lernens enthalten. Die Kunst besteht nicht darin, wie ein Geographielehrer auf der Lauer zu liegen, bis die Kinder das Stichwort Fluss fallen lassen, und dann alle Haupt- und Nebenflüsse der Region durchzusprechen, sondern auf fahrende Züge aufzuspringen. Kinder, die in Crussow Regenwürmer züchten und sie verkaufen wollen, sind hochmotiviert, die Unterschiede zwischen dem gut verkäuflichen kanarischen Regenwurm und dem minder gut absetzbaren deutschen Mistwurm herauszufinden und die Bedingungen für das glückliche Aufwachsen von Regenwürmern zu ermitteln, damit diese möglichst viele Nachkommen erzeugen. Die Chance für Sie besteht darin, zu sagen „Hallo Kinder, ich bin auch noch da", und Ihre Dienste als Hausmeisterin mit einem dicken Schlüsselbund und Zugang zu Türen anzubieten, hinter denen sich Wissens- und Erkenntnisschätze verbergen. (Siehe auch den

Band: Etwas unternehmen. Kinder und Erzieherinnen entwickeln Eigeninitiative, in dieser Praxisreihe.) „Das ist wie bei Ali Baba", hat eine Erzieherin einmal gesagt. „Du stehst vor dem Berg. In ihm ist das Wissen dieser Welt enthalten. Du klopfst mit deinen Kindern an die Tür. Die Tür öffnet sich. Ihr holt das Wissen heraus, das ihr braucht, und zwar nur das, und macht die Tür wieder zu. Bis zum nächsten Mal." So ist es. Den Situationsansatz verkennen, hieße, die Tür zu zu lassen und stattdessen nur die Frösche von Seite 11 des Bastelbuches zu basteln. Den Situationsansatz ebenfalls verkennen, hieße, die Tür beim Stichwort Fluss zu öffnen, die Namen und Verläufe aller Flüsse Europas hervorzuholen und sie den erschrockenen und hoffentlich renitenten Kindern einzutrichtern.

Die Situationen mit Kindern gestalten

Es gab Stimmen an den Runden Tischen des Projektes Kindersituationen, die Ereignisse zunächst als schicksalhaft und unabänderlich deuteten. Keine Frage: Es gibt Situationen, in denen wir uns ohnmächtig fühlen. Hier geht es aber vor allem um andere Situationen, um gestaltbare, um solche, die sich für ein Probehandeln von Kindern eignen. Es sind im Wesentlichen Situationen des Alltags: Kinder kommen morgens an, sie gestalten ihr Frühstück, planen den Tag, entwickeln kleine oder große Vorhaben, ruhen sich vielleicht aus, machen Vorschläge, entwickeln neue Strukturen in der Kita mit, forschen oder verfolgen Spuren. Situationen mit Kindern zu gestalten, hat mit Lebensqualität zu tun, mit dem Wunsch, in einer liebevollen, verlässlichen Umgebung aufzuwachsen. Dazu können Bilder, Symbole und Rituale gehören, die Ästhetik des Raums. Die Kita als kleines Universum, als Gelände zur Einübung von eigengesteuerter Planung und Demokratie: Die Wünsche und Tätigkeiten der Kinder wollen aufeinander abgestimmt sein. Man braucht Plätze und Gelegenheiten, um solche Verhandlungen führen zu können, die Besprechungsecke zum Beispiel, in der Anja Sebastian fragen kann, warum er sie morgens gehauen hat. Hier können auch Projekte vorbesprochen, Alternativen erörtert und erste Schritte eingeleitet werden. Regeln lassen sich aushandeln genauso wie gemeinnützige Sanktionen bei Regelverletzungen.

Kinder lernen, eine Situation selbst zu gestalten; es geht um die Erweiterung der Handlungsspielräume, um die Veränderung von Strukturmerkmalen einer Situation, die das Streben nach Autonomie behindern. Erwachsene sind davon nicht ausgeschlossen. In Angermünde mussten Lehrerinnen und Lehrer der Grundschule sich erst daran gewöhnen, dass Eltern der Kita aus dem Nachbardorf wie selbstverständlich fragten, wann sie das einigermaßen ungemütliche Klassenzimmer ihrer Kinder verschönern könnten. Es wurde dann mit Kind und Kegel gemalt und dekoriert, obwohl die Schule sich am Anfang widerspenstig zeigte. Kinder gestalten Situationen, wenden sie zum Besseren, und wo möglich, zusammen mit Erwachsenen.

Die Kita als kleines Universum, als Gelände zur Einübung von eigengesteuerter Planung und Demokratie

Situationen mit Kindern zu gestalten, hat mit Lebensqualität zu tun

Leib und Seele

Situationen betreffen nicht nur den Kopf, sondern auch den Bauch, die Sinne, den Körper; Leib und Seele gehören zusammen. Als Niki Lauda zum ersten Mal, es muss in der ersten Hälfte der achtziger Jahre gewesen ein, aufhörte, die Formel 1 anzuführen (später bekam er einen Rückfall), sagte er den schönen Satz, es gäbe interessantere Dinge im Leben, als ständig im Kreis herumzufahren. Diese Erkenntnis könnte man einigen Sportdidaktikern hinter die Ohren schreiben.

Einige Jahre später kam ein Sportstudent und zeigte mir seine Abschlussarbeit, mit der er bei jenen Kollegen auf Unverständnis gestoßen war. Er hatte eine Turnhalle in einen Dschungel aus Seilen, Gestellen, Leitern, Brücken, Trapezen, Balken, zu überwindenden Abgründen, Steilanstiegen und Rutschen verwandelt. Dann hatte er die Halle völlig abgedunkelt. Einige Jugendliche, die sich zur Mitwirkung am Experiment bereit erklärt hatten, wurden so in die Turnhalle geführt, dass sie sich vorher nicht sehen und kennen lernen konnten. Ihre Aufgabe bestand darin, sich ohne sprachliche Verständigung durch den dunklen Pfad im Dschungel so durchzuarbeiten – über Schluchten, schmale Übergänge, an Seilen schwingend, kreuz und quer, herauf und herunter –, dass sie den Ausgang erreichten. Sie konnten nur vorankommen, wenn sie im Team arbeiteten und Körperkontakt hatten.

Wir könnten gesonderten Sport zum Gutteil sein lassen, wenn wir die Chancen körperlicher Bewegung und Anstrengung in Alltagssituationen weidlicher nutzten

Sie mussten sich wechselseitig sichern, menschliche Brücken und Leitern bilden, sich vorantasten, einander halten. Als sie endlich das Licht erreichten, waren sie nicht nur zur Gemeinschaft geworden, sondern auch überrascht, wer dazugehörte: Es waren Jugendliche unterschiedlicher Nationalität und Hautfarbe. Sie hatten Sport betrieben, nicht als eintönige Schinderei, sondern als Möglichkeit körperbetonter, nonverbaler Kommunikation.

Im Arme-Leute-Städtchen Belém nahe der Stadt Belo Horizonte in der brasilianischen Provinz Minas Gerais besichtigten 1987 Experten einer UNESCO-Konferenz einen Kindergarten, dessen Kinder und Erzieherinnen durch künstlerisch-produktive Tätigkeiten, Tierhaltung sowie Gemüse- und Fruchtanbau ökonomisch autonom lebten. Leib und Seele? Die Bewegungserziehung fand in Form eines Zirkus statt, dessen großes, von den Erwachsenen selbst hergestelltes Zelt Platz nicht nur für die Arena, sondern auch für Besuchergruppen bot. Wer Lust hatte, und das waren viele, übte für seine Zirkusnummer, war Artist und Dreikäsehoch, und weil der Zirkus auch Touren in die Region unternahm, betrieb er eine besondere Art der Heimatkunde. Jürgen Funke, sportdidaktischer Querdenker, hat einmal gesagt, wir könnten gesonderten Sport zum Gutteil sein lassen, wenn wir die Chancen körperlicher Bewegung und

Anstrengung in Alltagssituationen weidlicher nutzten: also nicht den Aufzug wählen, sondern das achte Stockwerk auch so erklimmen, Rolltreppen links liegen lassen, nicht für anderthalb Kilometer den Wagen nehmen, Zitronen mit der Hand auspressen und so weiter.

Kinder lieben wilde Spiele, Klettereien und das kalkulierte Risiko. Abenteuerspielplätze fördern wilde Spiele mehr als das Einerlei aus Sandkasten, Wippe und Elefant aus Eisenrohr. Kinder lieben das dramatische Ereignis zwischendurch. Die Milch kocht über? Gut, wir dramatisieren den Vorgang gleich noch einmal, kauern uns hin, entwickeln Innendruck, laufen krebsrot an und kochen auf, schäumen über und kühlen wieder ab. Spaß macht das auch; Bewegung und Wohlbefinden gehören zusammen.

Mit Kleinen und Großen aufwachsen

Altersgemischte Gruppen sind zunächst einmal nicht besser oder schlechter als alters-homogene, sondern natürlicher

Altersgemischte Gruppen – ein Kennzeichen des Situationsansatzes – sind zunächst einmal nicht besser oder schlechter als altershomogene, sondern natürlicher. Sie würden es auch absonderlich finden, nur in einem Team Ihres Jahrgangs zu arbeiten. In altersgemischten Gruppen werden Erfahrungen anders gewonnen und anders gewichtet.

Als der (West-)Deutsche Bildungsrat seinerzeit vorschlug, die Fünfjährigen der Schule zuzuordnen und Vorklassen für Fünfjährige oder Eingangs-stufen für Fünf- und Sechsjährige einzurichten, wurden im Streit um dieses Thema Modellversuche mit Kindergärten, Vorklassen und Eingangsstufen durchgeführt, um herauszufinden, wo Kinder besser gefördert würden. Diese Versuche hatten zwei bemerkenswerte Ergebnisse: Erstens gingen sie (fast) aus wie das Hornberger Schießen; unter dem Strich zeigte sich, dass in jeder Einrichtung gut oder auch weniger gut gearbeitet werden kann. Zweitens setzte sich der Kindergarten durch, und mit ihm die altersgemischte Gruppe. Es zeigte sich, dass die altersgemischte Kinderwelt (jenseits der nur durch Tests erfassbaren Werte) in Verbindung mit einem pädagogischen Konzept die sozialen Entwicklungschancen besonders fördern kann.

Die Einrichtung altershomogener Gruppen ist ein Einfall der Schulverwaltung mit weltweiter Wirksamkeit.

Immerhin, Peter Petersen mit seinen Jena-Plan-Schulen und den dort erwünschten altersgemischten Gruppen gehört zu den Ausnahmen, aber das ist schon eine Weile her; heute wird in Schulen in der Regel nur altersgemischt gearbeitet, wenn Sitzenbleiber das Jahrgangsspektrum einer Klasse erweitern, oder in schulischen Projekten wie etwa einer Schülerzeitung nicht lange danach gefragt wird, ob alle vom gleichen Jahrgang kommen. Wir müssen im Kindergarten oder Hort nicht legitimieren, altersgemischt zu arbeiten. In den meisten Fällen des Lebens wird auch altersgemischt gelernt.

Nun sind die Reformspitzen unter den Grundschulen mit offenem, binnendifferenzierendem, individualisierendem Unterricht gar nicht so weit entfernt von einer situationsorientierten, altersgemischten Praxis in Tageseinrichtungen für Kinder. Hier wie dort geht es darum, nicht alle Kinder über einen Leisten zu scheren und nicht zu verlangen, dass alle zu jeder Zeit das Gleiche tun, vor allem dann nicht, wenn sich drei oder mehr Jahrgänge in derselben Gruppe befinden. Erzieherinnen, die seinerzeit unter dem Einfluss der Schule altershomogen gruppiert hatten und dann zu altersgemischten Formen zurückkehrten, schätzten die positiven Aspekte dieser Arbeit höher ein als die Schwierigkeiten: Drei- und Vierjährige nutzen die Erfahrungs- und Lernvorsprünge von Fünfjährigen oft mehr als die von Erwachsenen, der Abstand ist eben geringer. Die älteren Kinder wirken wie Lernlokomotiven, die jüngeren Kindern affektive, psychomotorische und kognitive Entwicklungsanreize bieten; die Kleinen lernen am Modell. Ältere Kinder übermitteln jüngeren Kenntnisse über Spiele, sie geben Auskünfte, zeigen, wie man durch Versuch und Irrtum allmählich Handlungsspielräume erweitert. Oft sind ältere Kinder dabei geduldiger als Erwachsene, denen das ständige Auskunftsverlangen der Kleinen lästig werden kann. Auch enthalten kindliche Aussagen über die Alltagswelt ihre besonderen Wahrheiten, die von den Wahrheiten Erwachsener abweichen können, weil sich auch die Alltagstheorien beider unterscheiden.

Die älteren Kinder erwerben Einfühlungsvermögen, sie lernen die Grenzen von Fähigkeiten der Kleineren einzuschätzen: „Du hast meinen Turm umgehauen? Weil du selber umgefallen bist? Na ja, Kleine sind eben noch ein bisschen tollpatschig. Bauen wir ihn zusammen wieder auf." *Peer education* heißt der in der anglo-amerikanischen Sozialwissenschaft gehandelte Begriff: Erfahrene Kinder und Jugendliche übermitteln ihren Kenntnis- und Erkenntnisstand anderen, weniger erfahrenen Kindern nachhaltiger, als ferne Erwachsene dies könnten.

Von großer Bedeutung bei der Arbeit mit altersgemischten Gruppen ist es, eine Balance altersnaher und altersferner Beziehungen im Auge zu behalten. Die Kinder benötigen Wahlfreiheit bei der Zuordnung zu verschiedenen Gruppierungen, die Möglichkeit, unterschiedliche Beziehungsgefüge zu entwickeln. Mal wollen die Kleinen unter sich sein, mal die Größeren; mal leisten Kleinere den Größeren Hilfsdienste beim Kompostieren, mal zeigt ein Größerer den Kleinen, wie man den Turm auf ein sicheres Fundament stellen kann. Wichtig ist auch, individuelle Lernbedürfnisse im Gruppengeschehen zu erkennen und zu fördern. Wir wollen kein *management by champignons*. Was damit gemeint ist? Der Begriff stammt aus der Ökonomie und bezeichnet ein Bild: Zwanzig Champignons wachsen vor sich hin, alle in gleicher Größe. Nun wächst einer etwas schneller, steckt seinen Kopf über die anderen Köpfe, sieht weiter und kommt auf neue Ideen. Was machen die anderen? Auch ein bisschen höher wachsen? Nein, sie hobeln so lange am Standbein unseres Champignon, bis er wieder unten angekommen ist.

So also nicht. Lieber zwanzig Talente individuell fördern. Keine Gleichmacherei anstreben wie: „Wir sind alle vier Jahre alt, weil das dem Gruppendurchschnitt entspricht", sondern individueller Entfaltung Platz schaffen.

Kognitive Strategien entwickeln sich allmählich. Ein kleineres Kind kann mit Faszination dabei sein, wenn größere Kinder im Brachland Raupen sammeln, ein Aquarium anlegen, Bücher wälzen, über Fütterungsarten Bescheid wissen wollen, die Verpuppung erleben und die Schmetterlinge

Die älteren Kinder wirken wie Lernlokomotiven, die jüngeren Kindern affektive, psychomotorische und kognitive Entwicklungsanreize bieten

Die älteren Kinder erwerben Einfühlungsvermögen, sie lernen, die Grenzen von Fähigkeiten der Kleineren einzuschätzen

Was ist wichtig am Situationsansatz?

Es ist wichtig, Kindern ein breites Feld des Experimentierens zu erschließen und sie Fälle durchspielen zu lassen

endlich davonfliegen lassen. Kleinere Kinder erleben und erfassen wichtige Ausschnitte des Geschehens; auch wenn ihnen ein Teil der Erkenntnisse und Zusammenhänge, Zeitvorstellungen oder Kausalitäten fehlen mögen. Soll man sie deshalb aussondern und nur mit Dingen beschäftigen, die auf ihre entwicklungspsychologischen Verhältnisse stromlinienförmig zugeschnitten sind? Sicher nicht. Gleichwohl soll man Rücksicht auf sie nehmen, ein Wissen darüber gewinnen, wann und in welchen mentalen Zonen Kinder entwicklungsoffen, welche kognitiven Strategien wann besonders entwicklungsträchtig sind. Kinder lernen, die Dinge wahrzunehmen, zu ordnen, zu unterscheiden, Zusammenhänge zu erkennen. Sie entwickeln sprachliches Ausdrucksvermögen, und es ist von außerordentlicher Bedeutung, dass dies gesehen und im sozialen, situativen Zu-

sammenhang gezielt gefördert wird. Es ist wichtig, Kindern ein breites Feld des Experimentierens zu erschließen und sie Fälle durchspielen zu lassen – wie vor drei Jahrzehnten schon Nancy Hoenisch mit ihrer berühmten Vorschulklasse an der Berliner John-F.-Kennedy-Schule: Wie wächst Kresse, wenn man sie gießt und ans Licht stellt, wenn man sie ans Licht stellt und nicht gießt, wenn man sie gießt und in den dunklen Schrank einsperrt? Dies ist ein Beispiel, wie „Große" experimentelle Möglichkeiten durchdeklinieren können. Aber was ist mit den „Kleinen" mit ihren vielen Experimenten, den zahllosen Versuchen und Irrtümern? Ich will hier nur auf Rahmenbedingungen aufmerksam machen, innerhalb derer Entwicklungschancen von Kindern in altersgemischten Gruppen wahrgenommen und individuell genutzt werden können. Dazu gehören:

- erstens Kenntnisse der Entwicklungspsychologie, die kognitive, affektive und psychomotorische Bereiche umschließen und den Blick für jene Phasen und Zonen öffnen,
- zweitens die Organisation und Bereitstellung jener erfahrungsvielfältigen, anregungsreichen Experimentierfelder,
- drittens – insbesondere bei der Arbeit mit altersgemischten Gruppen – der sensible und genaue Blick auf das einzelne Kind mit seiner je besonderen Entwicklung, mit der behutsamen Erweiterung *seines* Horizontes, *seiner* Entfaltungsmöglichkeiten, *seines* sprachlichen Ausdrucksvermögens, *seiner* Problemlösungsstrategien.

Zu den wünschenswerten Weiterentwicklungen des Situationsansatzes wird gehören, eine situationspädagogisch gewendete Entwicklungspsychologie zu schreiben und die zahlreichen, international erarbeiteten Erkenntnisse einzubeziehen und fruchtbar zu machen.

Viel hängt – bei der Arbeit mit altersgemischten Gruppen – von der Raumgestaltung ab, davon, ob Zonen, Höhlen, Kammern, Verstecke und viel Platz geschaffen werden, damit Kinder sich zurückziehen, sich allein, zu zweit, altershomogen oder altersgemischt bewegen und ihren Vorhaben oder auch ihrem Ruhebedürfnis nachgehen können. Der klassische Ort für die Arbeit mit altersgemischten Gruppen war und ist in den alten Bundesländern der Kindergarten der Drei- bis Fünfjährigen. Inzwischen ist die Spanne – mal aus eigenem Wunsch heraus, mal der Not und dem Geburtenrückgang folgend – erheblich erweitert worden. Für die pädagogische Praxis bedeutet das mehr und langfristig angelegte „Beziehungsarbeit", mehr Zeit also für die Beobachtung und Mitgestaltung der Beziehung einzelner Kinder zu anderen. Außerdem verlangen die erheblich größeren Entwicklungsunterschiede in erweitert altersgemischten Gruppen nach deutlich mehr differenzierenden Angeboten, wobei die individuelle Lebensgeschichte des Kindes (nicht pauschal der Altersjahrgang) zur Grundlage der Planung wird. Um das leisten zu können, bedarf es nicht nur neuer Raumkonzepte, sondern auch einer verringerten Gruppenstärke und einer besseren personellen Besetzung.

Die „große" Altersmischung bringt für Eltern mehr Kontinuität mit sich, weil sie ihre Kinder und die Einrichtung länger begleiten, sich mehr mit ihr identifizieren können. Für Kinder erhöhen sich, wenn die Altersmischung nicht als Notbehelf, sondern als pädagogisch gestaltbare Möglichkeit wahrgenommen wird, die Chancen sozialer Entwicklung. Zu Hause fehlen oft die Geschwister, hier nicht, und so bilden die älteren Kinder die Brücke zwischen den Lebensbereichen der ganz jungen und der schon erwachsenen Menschen. (Siehe auch den Band: Gut, dass wir so verschieden sind. Zusammenleben in altersgemischten Gruppen, in dieser Praxisreihe.)

Die „große" Altersmischung bringt für Eltern mehr Kontinuität mit sich, weil sie ihre Kinder und die Einrichtung länger begleiten, sich mehr mit ihr identifizieren können

Gado Gado Multi Kulti

Man nehme und mische Sojakeime, rohe Gurken, gedünsteten Spinat im ganzen Blatt, gekochte Möhren, junge Jackfrucht, gekochte Eier, Tofu, gekochte und geschnittene Kartoffeln, Chili, Sojasoße, dazu Krupuk aus Krabbenmehl und eine extra zubereitete Erdnusssoße aus Erdnusspulver, Chili, Knoblauch, Zwiebeln, Tamarin, Salz und Palmzucker. Gado Gado, ein Salat aus Vielerlei, gehört zu den wichtigen Elementen eines indonesischen Mahles, ergänzt um weitere angenehme bis scharf-anfeuernde Gerichte, deren Erläuterungen wir uns an dieser Stelle leider schenken müssen. Übrigens: In Indonesien werden über 11600 Inseln gezählt, 100 Sprachen gesprochen (Dialekte nicht mitgerechnet) und alle Weltreligionen praktiziert. Gado Gado ist die Mixtur, die alle Indonesier kennen und die in Sumatra andere Varianten entwickeln wird als in Kalimantau oder auf Bali.

Mehrheitsgesellschaften neigen dazu, sich gegenüber Minderheiten wie kulturelle Dampfwalzen zu verhalten

Der Unterschied ist schön, nicht der Einheitsbrei

Der Unterschied ist schön, nicht der Einheitsbrei. Die Welt wird allmählich zum großen Dorf. Und wenn es dort angesichts der überall gleichen Sounds und Trends nicht bald langweilig werden soll, gilt es, die kulturelle Vielfalt zu pflegen und zu hegen.

Nun haben es kulturelle Minderheiten in Mehrheitsgesellschaften oft schwer. Es gibt zentralstaatliche Regierungen und mächtige gesellschaftliche Gruppen, die gegen Minderheiten vorgehen und unterschiedliche Strategien verfolgen, um sich ihrer zu entledigen: Man kann ihre Sprachen unterdrücken, sie ins Ghetto verweisen oder zur Anpassung zwingen.

Von den Polen, die Anfang des Jahrhunderts ins Ruhrgebiet einwanderten, sind – Schimanski lässt grüßen – allenfalls noch Namensreste erkennbar. Viele Slowenen in Kärnten veränderten in den vergangenen Jahrzehnten ihre Namen, um nicht aufzufallen und diskriminiert zu werden.

In Thailand schiebt die Zentralregierung Schulen wie koloniale Vorposten in das Gebiet der Akha, Lisu und Lasu – es sind Volksgruppen mit anderer Sprache, Kultur und Religion –, um deren Kinder zu veranlassen, Thais zu werden.

Mehrheitsgesellschaften neigen dazu, sich gegenüber Minderheiten wie kulturelle Dampfwalzen zu verhalten. Nach zwei, drei Generationen sind die Spuren verwischt, es sei denn, es regt sich Widerstand – so wie in jenem kleinen gallischen Dorf mit dem Zaubertrunk des Miraculix. Die Vision des vereinten Europa ist das der kulturell vielfältigen Regionen; Staatsgrenzen werden zweitrangig, und so wird es irgendwann hoffentlich auf der ganzen Welt sein. Wird die Frage kultureller Mehr- und Minderheiten allerdings an Staatsgrenzen geknüpft, dann kann es – wir haben es im ehemaligen Jugoslawien erlebt – zu Mord und Totschlag kommen.

Interkulturelle Erziehung und Situa-

Was ist wichtig am Situationsansatz?

tionsansatz gehören zusammen, zielen auf die Verständigung vor der eigenen Haustür, erkennen an, dass wir in der einen Welt leben. Interkulturelle Erziehung setzt auf Toleranz von allen Seiten, räumt Schutthalden unserer Geschichte in unseren Köpfen beiseite, die Fremdenfeindlichkeit, den Rassenhass, den Antisemitismus, die Angst vor dem schwarzen Mann und der gelben Gefahr, den Glauben an Reinkulturen.

Wir alle sind Gado Gado

Wir alle sind Gado Gado. In Bayern leben Franken, Alemannen und Zugereiste. Die Berliner sind eine Mixtur sonst woher. New York ist vor allem deshalb so aufregend, weil hier Menschen aus vielen Ländern ein durch Vitalität, kulturelle Expressionen und Unternehmergeist gekennzeichnetes Auskommen zu finden suchen – Ecken und Kanten eingerechnet. Der Rassismus gehört zu den finsteren Relikten unserer Geschichte. Entgegenwirken kann man ihm schon früh, bei Kindern, denen die dumpfen Vorurteile einiger Erwachsener noch nicht in Fleisch und Blut übergegangen sind, die die unmittelbare Erfahrung mit dem anderen einer Ideologie aus zweiter Hand entgegensetzen können.

„Wo fährst du hin?"
„Nach Marokko."
„Hast du da eine Familie?"

Rückblende in die siebziger Jahre: Eine Kita bekommt Zuzug, die neuen Kinder aus Spanien sind zunächst still, beobachtend, unauffällig. Ihre Eltern wirken liebevoll und besorgt, unsicher und zurückhaltend. Die Erzieherinnen unternehmen Hausbesuche und entwickeln freundschaftliche Kontakte. Die Eltern tauen auf. Die Erzieherinnen laden sie ein, Ideen einzubringen, mitzumachen und die Kita als eine demokratische Einrichtung zu begreifen. Erste Idee: Ein spanischer Vater schlägt vor, eine Paella zuzubereiten. Die Erzieherinnen wissen nicht recht, wie die Kinder auf die Krabben zwischen dem Reis reagieren. Man einigt sich auf Churros: Süßer Teig wird durch eine Röhre gepresst und so in einen Topf mit siedendem Öl gegeben, dass dabei kunstvolle Figuren entstehen. Gesagt und fast getan. Der Vater macht es selbst, offenbar zum ersten Mal. Zwar kommen keine kunstvollen Figuren zustande, aber das irritiert nur den Vater; den Kindern schmeckt es vortrefflich.

Zweite Idee: Zur Vorweihnachtszeit, wenn die Familien Richtung Südeuropa fahren, könnten die Kinder Interviews auf dem Bahnhof durchführen. Ein Vater kommt mit, um zu übersetzen. Auf dem Bahnsteig steht, fernab von anderen, ein einsamer Marokkaner. „Wo fährst du hin?" „Nach Marokko." „Hast du da eine Familie?" „Ja." „Hast du Fotos?" „Ja." „Zeigst du sie mal?"

Er zeigt sie. Die Kinder: „Ah" und „oh". Der Zug rollt ein. Sie schleppen das Gepäck zum Abteil mit. Inzwischen kullern dem Reisenden fast die Tränen. Adressen werden ausgetauscht. Ja, er will eine Postkarte schreiben, ganz bestimmt.

Es kann auch mal schief gehen wie in jenem Kindergarten, der zum interkulturellen Kaffeeklatsch eingeladen und einzelne, schön gedeckte Tische aufgestellt hatte. Die Eltern kamen, setzten sich nach Nationen getrennt und beließen es dabei. Und es kann glücken: In einem anderen Kindergarten, der solche Erfahrungen einbezog und frühzeitig vor Beginn der großen Ferien zum Thema „Reisen in die weite Welt" einlud. Eltern hatten Informationsstände zu ihren Ländern aufgebaut, und das Gedrängel der deutschen Eltern ähnelte dem auf einer Tourismusbörse.

Interkulturelle Erziehung, so die Erfahrung Westberliner Erzieherinnen in den achtziger Jahren, beginnt mit der Entschlüsselung alltäglicher Situationen. Die Konfliktlinien verlaufen hier, vor Ort: Wenn beispielsweise Mehmet an seinem Geburtstag heult, weil die deutschen Kinder ihn feiern wollen. Wenn Lena zu Hülya sagt, sie stinke nach Knoblauch.

Wenn Ahmet mit glatt rasiertem Kopf in die Gruppe kommt und die Erzieherin ahnt, dass es daheim eine Bestrafungsaktion gegeben hat. Wenn Osmans Mutter ihn zu Hause behält, weil der Nikolaus kommen soll, oder wenn Annas Vater nicht einsieht, warum seine Tochter zum Ende des Ramadan das Şeker Bayrami, das Zuckerfest mitfeiern soll.

Eines Tages wischt Erdogan den Tisch nicht ab. Die Erzieherin freundlich: „Bei uns wischen alle den Tisch mit ab, auch Jungen." Erdogan: „Ich nicht." Die Erzieherin – zwischen Anerkennung kultureller Besonderheit und Verteidigung der Menschenrechte schwankend: „Doch." Erdogan: „Nein." Die Mutter holt ihn ab und sagt, er sei im Recht, bei ihnen zu Hause hätten Jungen andere Pflichten. Die Lösung des Problems erlebte ich nicht hier, sondern bei einer türkischen Erzieherin. Sie ging mit ihrem widerspenstigen Jungen zum Koran, zeigte und erläuterte ihm Textstellen, die von Hygiene und Sauberkeit handeln, und wies ihn darauf hin, dass deshalb auch männliche Moslems Tische abwischen sollten.

Wir nähern uns im Bemühen, Situationen aufzuklären, dem Fünfminutenproblem, das Berliner Schulkollegien ebenfalls in den achtziger Jahren widerfahren ist: Was tun, wenn beispielsweise deutsche Erstklässler über jene türkischen Kinder lachen, die dauernd zu spät kommen? Sicher, man kann auf die deutschen beschwichtigend einwirken und den türkischen Kindern die Uhr und die Verbindlichkeit des Achtuhrbeginns erklären. Aber es gibt andere Zugänge, vor allem dann, wenn man die Hintergründe aufklärt. Zeigt die Recherche beispielsweise, dass der Abend in der türkischen Familie ein langer gemeinsamer (Video-)Abend ist, die Kinder so lange aufbleiben, wie sie wollen, dass der Morgen früh vor dem Schichtbeginn anfängt und größere Kinder kleinere versorgen, während die Eltern schon aus dem Haus sind, dann kann dies deutlicher werden: Der Achtuhrtermin ist ein fiktiver Termin für Kinder, die entweder schon vor sieben aus dem Haus müssen oder um acht erst noch das Dreijährige beim Kindergarten abgeben oder einfach zu Hause werkeln. Diese Kinder denken in Handlungszusammenhängen, die wenig mit

Interkulturelle Erziehung beginnt mit der Entschlüsselung alltäglicher Situationen. Wenn beispielsweise Lena zu Hülya sagt, sie stinke nach Knoblauch

Was ist wichtig am Situationsansatz?

Kinder sollten ohne schlechtes Gewissen später kommen können, im Notfall mit ihrem kleinen Geschwisterchen

schulischen Zeitvorstellungen zu tun haben.

Die Verständigung über dieses Problem kann dann zum Beispiel darin münden, dass ein gleitender Schulbeginn für die Kinder ermöglicht wird, die sonst bis 7.30 Uhr vor verschlossenen Schultüren ausharren müssten. Ein gemütlicher Aufenthalts- und Frühstücksraum wird eingerichtet, den auch deutsche Kinder zum internationalen Frühstück nutzen können. Kinder, die Probleme mit der rechtzeitigen häuslichen Abwicklung haben, sollten diese nicht nur zum Thema machen und sich in ihrer Planung helfen lassen können, sondern in wichtigen Fällen ohne schlechtes Gewissen später kommen können, im Notfall mit ihrem kleinen Geschwisterchen.

Die Schwierigkeit interkultureller Arbeit liegt nicht in der Recherche des Hintergrundes, sondern in der Durchsetzung als sinnvoll erkannter Konsequenzen: Denn welcher Hausmeister mit geregeltem Achtstundentag macht ab 6.45 Uhr gern die Schule auf, wenn er gleichzeitig erwarten muss, dass abendliche Veranstaltungen stattfinden? Kann man einen Sozialpädagogen gewinnen und finanzieren? Oder kann (und will) ein Lehrer die Schlüsselgewalt bekommen und die Aufsicht übernehmen? Macht er dann mehr als nur Aufsicht? Und wenn der gleitende Beginn in der Frühe sinnvoll ist, wie steht es dann mit dem gleitenden Ende? Hört denn die Arbeitszeit vieler Eltern Punkt 12.30 Uhr auf? Oder wie erreicht man in der Ganztagsschule pädagogische Rhythmen und nicht die übliche Spaltung in den vormittäglichen Unterricht und die nachmittägliche, mit einigen Arbeitsgemeinschaften durchsetzte Aufbewahrung?

Mich erinnert das Berliner Fünfminutenproblem von damals an Klagen kanadischer Lehrer in einem indianischen Gebiet: Deren Schüler waren manchmal nachts um drei fit für die Schule, manchmal nachmittags um halb fünf, gelegentlich auch am Vormittag. Sie dachten nicht in Uhrzeiten, sondern in einer Abfolge von Handlungssequenzen: also zum Beispiel gegen Mitternacht zum Angeln gehen und gegen zwei Uhr in der Früh damit aufhören, weil der Mond untergeht. Da man tagsüber einen langen Mittagsschlaf hatte, könnte man jetzt mal ganz gut ein paar Schulstunden verkraften und morgens dann zu Hause das Dach reparieren. Mir leuchtete das ein, den Lehrern jener Schule nicht.

Auch jene Kita in Halle hatte zunächst Schwierigkeiten, den Müttern von zwei neu angekommenen vietnamesischen Mädchen zu verdeutlichen, dass die Kinder morgens bis spätestens um neun Uhr angekommen sein sollten; sie wurden stattdessen nach zehn oder auch elf Uhr gebracht. Frühstücken wollten sie nicht, und das Mittagessen lehnten sie auch ab. Erst als ein Elternabend im vietnamesischen Restaurant der Mutter stattfand, klärte sich das Rätsel auf: Die beiden Mädchen waren immer bis in den späten Abend hinein mit im Lokal, und es war nahe liegend,

dass sie danach erst mal ausschlafen und im Anschluss daran nicht *continental*, sondern asiatisch frühstücken wollten: Reis vor allem. Seit die Gruppe sich zum gleitenden Frühstück entschloss und die vietnamesischen Eltern einen Reis-Thermostopf zur Verfügung stellten, war auch das Problem nicht mehr da, vielmehr ein Motiv für alle anderen Kinder, Reis zu kochen und ihn mit Rohkost zu kombinieren.

Respekt vor jener Kita in Crussow, einem brandenburgischen Dorf von 600 Einwohnern, dem plötzlich ein Heim mit 250 Asylbewerbern beschert wurde. Die Kita entwickelte sich zum verlässlichen Partner des Heims und schlug Brücken zum Dorf. Die Erzieherinnen gingen zunächst auf die Suche nach eigenen

Da man tagsüber einen langen Mittagsschlaf hatte, könnte man jetzt mal ganz gut ein paar Schulstunden verkraften

Was ist wichtig am Situationsansatz?

Die Diskussion, ob man lieber erst die eine Sprache richtig sprechen soll, bevor man die zweite lernt, erübrigt sich, wenn Kinder in beiden Sprachen aufwachsen

Vorurteilen und Ängsten, bauten sie ab, entwickelten mit Heimbewohnern Projekte und mussten mit ihren Kindern erleben, wie vertraut gewordene Familien abgeschoben wurden.

Ein Lob auch jenem Kreuzberger Schulleiter, dessen Schrecksekunde, als das erste Mal eine türkische Familie ihr Hochzeitsfest mit mehreren hundert Gästen in der neu gebauten Schule abhalten wollte, zu lange dauerte, der zu lange darüber nachdachte, wer die Verantwortung für dieses Ereignis übernehme, wie das mit der Versicherung sei und wer alles gefragt werden müsse, wer sauber mache und als Letzer ginge. Als er genügend nachgedacht hatte, war die türkische Familie schon im Gemeindesaal einer nahen Kirche untergekommen. Das nächste Mal, sagte er sich nun, würde er gleich Ja sagen. Es erschien eine Abordnung aserbaidschanischer Männer mit dem Ansinnen, ein Frühlingsfest zu feiern. Der Schulleiter sagte Ja und erwirkte die Teilnahmeberechtigung seiner Kinder. Es erschienen mehr als hundert Männer samt Musik und Bauchtänzerin. Seitdem war für eine Weile Bauchtanz nicht mehr wegzudenken aus der Schule.

Wenn interkulturelle Erziehung zum kleinen Widerstand gegen die kulturelle Dampfwalze namens Mehrheitsgesellschaft ermuntert, dann gehört zur Stärkung dieses Widerstandes auch die Wahrnehmung des Rechts auf Muttersprache. Die Diskussion unter Sprachwissenschaftlern, ob man lieber erst die eine Sprache richtig sprechen soll, bevor man die zweite

„Kofferpacken" auf Italienisch: „Jo metto alla valigia una bambola, un pettine, scarpe, calcetti e un orso."

lernt, erübrigt sich in jenen Fällen, in denen Kinder von Einwanderern in beiden Sprachen aufwachsen. Ziel müsste sein, sie beide Sprachen – die des Herkunfts- und des Aufnahmelandes – differenziert sprechen und schreiben zu lassen und noch eine Weltsprache dazu. Auf dem Weg dorthin hapert es an vielen Stellen. Sofern aus der zweiten oder dritten Generation unserer Einwanderer stammende Erzieherinnen ihre Arbeit aufnehmen, sind sie als sprachkundige, kulturelle und religiöse Sachverständige hochwillkommen. In allen anderen Fällen geht es um Improvisation, um die Einbindung von Eltern, älteren Geschwistern oder Verwandten, darum, die Einrichtung zum Ort interkultureller Bedingung zu machen, in der auch die eigene Sprache gesprochen, die eigene Religion praktiziert, die eigenen Wertvorstellungen beachtet werden. Kinder können dabei helfen, wie zum Beispiel Mima, ein italienisches Mädchen, das von ihren Sprachschwierigkeiten berichtete und die Erzieherin auf die Idee brachte, „Kofferpacken" auf Italienisch zu spielen, um die deutschen Kinder für die Sprachprobleme anderer zu sensibilisieren. Zunächst erklärten die deutschen Kinder den ausländischen die Bezeichnung der Gegenstände auf den Karten, dann übersetzte Mima ins Italienische: „Jo metto alla valigia una bambola, un pettine, scarpe, calcetti e un orso." Auch wenn das Spiel für vergnügte Aufregung sorgte, mussten die deutschen Kinder sich doch richtig anstrengen und bei der Lehrerin

Mima immer wieder nachfragen.

Auch Marilu aus Spanien bringt den Kindern aus ihrer Gruppe etwas Spanisch bei, indem sie einen Tag lang nur reagiert, wenn sie mit spanischen Schlüsselbegriffen angesprochen wird.

Kulturen entwickeln sich, auch die Kulturen von Minderheiten im Vergleich zu Mehrheitskulturen. Je konstruktiver, je weniger diskriminierend wir dieses Verhältnis gestalten, desto weniger fühlen sich Minderheiten zum Rückzug in den Fundamentalismus oder ins eigene kulturelle Museum veranlasst. Interkulturelle Erziehung ist keine Reservatspädagogik, sondern Stachel im Fleisch eines ethnozentrischen Bildungsbegriffs. Sie will Raum schaffen für die Repräsentanz und Entwicklung des Ungewohnten, Fremden, Bereichernden. Wichtig ist, dass die Solidarität in der einen Welt auch bei *uns* beginnt, innerhalb *unserer* Landesgrenzen, in *unserem* Vielvölkerstaat, in der Konfrontation mit *unseren* Minoritäten. Denn Harlem liegt nicht nur in New York. Kulturelle Überformungen finden nicht nur in Sri Lanka statt. Es sind nicht nur Kärntner, die die Kinder ihrer Minoritäten – die Slowenen – bis vor kurzem am liebsten in Reservatsschulen gesteckt hätten. Wir haben die Schwarzen, Indianer, Mestizen und Parias im eigenen Land. Wir sind die Kolonialherren, deren Lebensqualität ja auch damit zusammenhängt, dass die anderen, Fremden, die niederen Arbeiten übernehmen und eine verfügbare Ware Arbeitskraft bleiben, eine Ware, die man importieren kann und vor allem in Krisenzeiten wieder abschieben möchte. Was Wunder, wenn ein Land, das kein Einwanderungsland sein wollte und dennoch erlebt, wie Menschen kamen und blieben, Lehrgeld zahlen muss.

Interkulturelle Erziehung ist keine Reservatspädagogik, sondern Stachel im Fleisch eines ethnozentrischen Bildungsbegriffs

Niemanden aussondern

Philipp und Alexandra, die Kinder im Rollstuhl, haben die Kugeln mit angefertigt

Vorweihnachtszeit in Weimar. Eine Kindergruppe besucht eine Ausstellung von Adventskalendern in der Herder-Kirche. Vor der Kirche sehen sie einen Stand mit Weihnachtskugeln. Freundliche Frauen und zwei Kinder in Rollstühlen bieten die Kugeln an. Am Stand ein Schild: „Förderschule für Behinderte". Die Kinder bitten ihre Erzieherin, eine Kugel zu erwerben. Die Verkäuferinnen sagen, dass sie mit dem Verkauf der Kugeln die Weihnachtsfeier ihrer Kinder finanzieren wollen. Philipp und Alexandra, die Kinder im Rollstuhl, hätten die Kugeln mit angefertigt. Die Kinder der Kita werden aufmerksam, fragen nach. Später wird die Kugel von Hand zu Hand gereicht und bekommt einen Ehrenplatz. Immer wieder wird die Geschichte von Philipp und Alexandra erzählt. Die Kinder der Kita fangen an zu basteln. Sie wollen Philipp und Alexandra eine Freude machen. Kindergärten, die den Situationsan-

satz mit entwickelten, gehörten zu jenen, die bald schon Kinder mit Behinderungen aufnahmen und am Anfang einer Bewegung standen, die sich bis heute fortsetzt und noch längst nicht zur selbstverständlichen Praxis geworden ist. Historisch verlief die Entwicklung entgegengesetzt: Behinderte wurden in ghettoisierend wirkenden sonderpädagogischen Einrichtungen betreut – mit deutlich geringeren Chancen, ein Leben mit und unter Menschen ohne solche Behinderungen zu führen. Dem Vorteil, dass sich in solchen Einrichtungen sonderpädagogische Kompetenz versammelt, steht der Nachteil der sozialen Aussonderung gegenüber. Der Vorschlag des (West-)Deutschen Bildungsrates, Kinder mit Behinderungen möglichst in Regeleinrichtungen zu integrieren, diese Einrichtungen besser auszustatten und für eine Umverteilung sonderpädagogischer Fachkräfte zu sorgen, wies deshalb in die richtige Richtung.

Die Aufnahme eines Kindes mit Behinderungen ist eine Schlüsselsituation für alle Beteiligten, aus der sich mehrfache integrationspädagogische Ziele ableiten: die besondere Förderung dieses Kindes, die Gestaltung eines unverkrampften Umgangs aller, die Sensibilisierung der übrigen Kinder für die besondere Situation, aber auch die besonderen Fähigkeiten des aufgenommenen Kindes.

Die Erzieherinnen hielten es schon damals in den alten Bundesländern für günstiger, ein behindertes Kind in eine altersgemischte als in eine altershomogene Gruppe aufzunehmen. Sie achteten auf Normalität – das Kind mit Behinderungen sollte weder Außenseiter noch verhätschelter Star werden. Sie bereiteten die Integration durch Besuche behinderter Kinder im Kindergarten vor. Sie sprachen mit ihren Kindern über Unterschiede zwischen sichtbarer körperlicher Behinderung und – schwerer erkennbarer – geistiger, bauten Fantasien („Sie können nicht essen, weil sie keinen Mund haben.") und Ängste ab. Sie besuchten mit ihrer Gruppe Kinder in Sonderkindergärten und erlebten, wie Kontakte geknüpft wurden oder auch fehlschlugen. Sie unterstützten Kinder ohne Behinderungen darin, herauszufinden, wie blinde, gehörlose, in ihren Bewegungen eingeschränkte Kinder am besten ins Spiel einbezogen werden können. Sie gestalteten den Prozess der Integration Schritt für Schritt, nahmen Kinder mit Behinderungen stundenweise auf, vermittelten der Gruppe, dass Mitleid keine gute Basis der Zusammenarbeit sei. Sie überzeugten die Kinder mit Behinderungen davon, ihre Aufgaben zu erfüllen, also beispielsweise auch aufzuräumen und darauf zu verzichten, die erste Geige zu spielen. Schließlich veränderten sie ihren Kindergarten, brachten Stangen und Haltegriffe für Kinder an, die sich allein schwer fortbewegen konnten, oder sie vereinbarten bestimmte Geräusche, um einem stummen Kind die Möglichkeit zu geben, sich im Lärm und Trubel bemerkbar zu machen.

Sie achteten auf Normalität – das Kind mit Behinderungen sollte weder Außenseiter noch verhätschelter Star werden

59

Eltern und Nachbarn willkommen

Eltern sind keine Zaungäste, sondern Mitwirkende

Eltern waren im Projekt Kindersituationen die Ersten, die sich an Runden Tischen über ihre Lage und die Situation ihrer Kinder austauschten. Eltern sind kompetent für viele Situationen ihrer Kinder. Sie sind keine Zaungäste, sondern Mitwirkende. Sie sind eingeladen, sich an der inhaltlichen Arbeit – an der Analyse von Situationen, der Verständigung über Ziele, der Entwicklung von pädagogischen Aktivitäten und der Auswertung von Erfahrungen – zu beteiligen, wann immer sie Zeit und Lust haben.

Eltern spielen im Situationsansatz eine wichtige Rolle als Partner von Erzieherinnen, deren fachliche Verantwortung dabei gewahrt bleiben muss. Weder sind Eltern einrichtungsfremde Personen und ein ungern gesehenes notwendiges Übel, noch Besserwisser, ständig nörgelnde Kritiker oder (in Eltern-Kind-Gruppen) schlechte Arbeitgeber – hoffentlich wenigstens. Der Situationsansatz enthält die Chance, Eltern konstruktiv einzubinden, ohne sie zu Heiligen zu stempeln. Als erfahrungsvermittelnde Sachverständige sind sie eingeladen, ihre Fantasie zu investieren und die Projekte und Spiele der Kinder anregungsreicher zu gestalten. Dies gilt ausdrücklich für alle Eltern, nicht nur für die beredsamen.

Vor Jahren hat ein reformfreudiger leitender Schulrat in Hamburg die Beteiligung von Eltern am unterrichtlichen Geschehen der Grundschulen deutlich erleichtert. Eltern wurden eingeladen, Vorschläge einzubringen und aktiv mitzuwirken – eine Alternative zu Elternabenden, die mitunter zwischen Langeweile und Horror angesiedelt sind. Nur sozial privilegierte Eltern könnten einer solchen Einladung folgen, lauteten die Unkenrufe. Es kam aber anders: Die spannendsten Projekte entwickelten sich dort, wo man sie nicht erwartet hatte, bei den Werftarbeitern zum Beispiel, die Freischichten darangaben, um Kindern zu erklären, wie Schiffe im Dock gewartet und umgebaut werden.

Situationsbezogen arbeitende Einrichtungen haben eine breite Palette von Formen der Zusammenarbeit mit Eltern entwickelt: *Informelle Kontakte* werden zwischen Tür und Angel,

beim Einkaufen, in der Kneipe um die Ecke oder an der Bushaltestelle gesucht. *Hausbesuche* werden von vielen Eltern begrüßt, und man kann seine Überraschungen damit erleben: Ein Besuch bei einer Familie südeuropäischer Herkunft kann lange dauern und angesichts der großen Gastfreundschaft ein Gefühl der Wehmut über unsere schmal geratenen familiären Bande zurücklassen. Bei anderen Besuchen mag es sein, dass sich Erwachsene in unerwarteter Weise öffnen – die Erzieherin als Beistand in schwieriger Lebenslage. Biographische Hintergründe hellen sich auf, die Rolle des Kindes im „System Familie" wird deutlicher. *Elterntreffen* konzentrieren sich weniger auf Organisatorisches, sie dienen mehr der Verständigung über konkrete pädagogische Ziele und einer darauf bezogenen Praxis. Je mehr diese Treffen mit Feiern oder sonst wie erfreulichen Dingen verknüpft sind, desto weniger erscheinen sie als Pflichtübung, desto befriedigender können sie verlaufen. Auch berufsgestresste Eltern lassen sich für *punktuelle Mitarbeit* gewinnen, wenn sich diese nicht im Kuchenbacken erschöpft. Kleine erste Kontakte schaffen Vertrauen und ermuntern, sich auf das Geschehen in der Einrichtung einzulassen. Die *Mitwirkung von Eltern bei Situationsanalysen und Zielbestimmungen* ist bedeutsam, weil Eltern nicht nur Sachverstand einbringen, sondern in einem Prozess der wechselseitigen Verständigung oder auch kontroversen Positionsfindung Einschätzungen austauschen

können. Die *Mitwirkung in Projekten* schließlich eröffnet eine Fülle von Möglichkeiten, Vorschläge einzubringen, mitzumachen und zu erleben, wie Kinder ihren Erkundungs- und Gestaltungsinteressen nachgehen. Die Schwierigkeiten dabei sind nicht von Pappe. Berufstätige Eltern haben wenig Zeit, sie sind auf Angebote der Einrichtung angewiesen, die sie zeitlich leisten können. Elternarbeit ist anstrengend und mitunter zeitaufwendig, andererseits zumeist sehr befriedigend. Erzieherinnen, die „nur" Elternabende veranstalten, empfinden ihr Verhältnis zu Eltern nicht selten als gespannt und zwiespältig. Einrichtungen mit konstruktiven Beziehungen zu Eltern betreiben (in Zeiten des sich entwickelnden Wettbewerbs) nicht nur ein gutes Marketing, sie können in Konfliktfällen etwa mit Behörden auf die Solidarität der Eltern bauen.

Projekte mit Eltern? Ein Beispiel: Erzieherinnen und Eltern besprechen Wochenendprobleme und den damit zusammenhängenden aggressiven Montagvormittag. Die Eltern werden nachdenklich und suchen nach neuen Möglichkeiten, das Wochenende zu gestalten. Ein Vater schlägt vor, am Sonntag ein gemeinsames kleines Fest draußen vor der Stadt bei seinem Wohnwagen zu feiern: ein Skatturnier für die Eltern, Anfänger eingeschlossen, Planschereien der Kinder und Spiele mit dem selbst gebauten Wasserrad am flachen, ruhigen Fluss, gemeinsames Grillen. Der Montagvormittag danach wirkt wie eine Wohltat.

Ein Besuch bei einer Familie südeuropäischer Herkunft kann lange dauern

Einrichtungen mit konstruktiven Beziehungen zu Eltern betreiben nicht nur ein gutes Marketing, sie können in Konfliktfällen auf die Solidarität der Eltern bauen

Was ist wichtig am Situationsansatz?

Die Ausgangsfrage in der Elternarbeit lautet nicht selten: Was sollen Eltern tun, was müssen sie wissen? Zu wenig wird gefragt: Was wollen sie, was können sie, wo liegen ihre Stärken? Die Erzieherinnen einer Kindertagesstätte erkundigen sich nach den Hobbys der Eltern, um mit ihnen – und den Kindern – zu besprechen, von welchen die Kita profitieren könnte. Ein Ergebnis unter anderen: Ein begeisterter Fußballtrainer bot den Hortkindern an, ein Fußballteam zusammenzustellen und zu trainieren. Nicht nur die Jungen wollten, sondern auch die Mädchen. Seither gibt es in diesem Ort eine Hort-Jungen-und-Mädchen-Fußball„mann"-schaft. Sie trainiert während der Kitazeiten – ein schöner Beitrag zur nicht rollenfixierten Sozialisation der Geschlechter.

Drittes Beispiel: Es geht ums Thema Verlaufen, aber nicht im Wohngebiet, sondern – im westafrikanischen Ghana – im Busch. Die Situation:

Ein begeisterter Fußballtrainer bot den Hortkindern an, ein Fußballteam zusammenzustellen und zu trainieren

Eltern suchen im Buschland nach bestimmten Pflanzen und Früchten, die Kinder spielen irgendwo. Plötzlich sind die Eltern nicht mehr zu sehen. Was nun hilft, ist die Kenntnis einer Skala unterschiedlicher Schreie: Schreie im raschen Auf und Ab, hohe, spitze, trillernde, lange, kurze Schreie, Schreie im Stakkato. Schrei Nr. 1: Hallo, Eltern, meldet euch doch mal wieder. Nr. 2: Ich weiß nicht genau, wo ich bin, ich will euch sofort wieder sehen! Nr. 1: Hier bin ich, hier, hier! Nr. 4: Höchste Not, Schlange in Sicht!! Oder so ähnlich. Da die Schreie regional unterschiedlich ausfallen, ist es vergnüglich, wenn Schreie zwischen Erzieherinnen auf überregionalen Workshops ausgetauscht werden. Und intensiv wird dann erörtert, ob Kinder, falls es Nacht wird und die Eltern immer noch nicht aufgetaucht sind, lieber auf oder lieber unter Bäumen übernachten sollen – gefährliches Getier gibt es sowohl oben wie auch unten.

Draußen vor der Tür

Draußen, und vor allem dort, spielt sich das Leben ab. Sich also nicht in der eigenen Einrichtung hinter Wänden verschanzen. Wenn man Mauern einreißt, heißt es bei Gottfried Keller, wird Sicht frei.

„Macht die Schule auf, lasst das Leben rein", das ist die Titelzeile einer Bewegung, die viele Schulen in Großbritannien, in den USA, in Australien und – zaghafter – in einigen Bundesländern erfasst hat. Schulen öffnen sich nach innen und außen; unter dem Stichwort „Community Education" wird gemeinwesenorientiert gelernt – *in, with and for the community*. Schulen vernetzen sich mit der Nachbarschaft, integrieren Schul- und Erwachsenenbildung, werden zu einer lebendigen, integrierten Mixtur aus Schule, Freizeiteinrichtung, Kulturzentrum, Volkshochschule und Basis für Selbsthilfe. Während man in solchen *community schools*, in Nachbarschaftsschulen, schon am Vormittag Erwachsene erleben kann, die im Unterricht mitlernen, weil sie sich beispielsweise auf eine Frankreichfahrt vorbereiten wollen, tummeln sich gegen Abend Jugendliche und Erwachsene wie auf einem Marktplatz, verteilen sich auf zahlreiche attraktive Angebote, erleben auch Nachbarn als Lehrer und können am Beautysalon, am Karate für Frauen, an Computerkursen, am Archäologieclub, am Hundetrainingskurs oder am Projekt alternativer Energiegewinnung teilnehmen. Danach geht's an den Tresen, hinter dem der Schulleiter gute Laune verbreitet und die Nachbarn die Jugendlichen besser im Auge behalten, als wenn diese anderswo herumhängen würden.

Im Unterricht verbinden sich Theorie und Praxis. Zwölfjährige – wir befinden uns in Groby in der Nähe des englischen Leicester – sammeln gebrauchtes Werkzeug aus den Haushalten ringsum, arbeiten es in der schulischen Werkstatt neuwertig auf, verschiffen es über Southampton nach Tansania und sorgen dafür, dass es dort in jenen Dörfern ankommt, in denen es besonders gebraucht wird. Ambulante Essensdienste für gehbehinderte alte Menschen werden von Schülern betrieben oder kleine Firmen gegründet, in denen zum Beispiel tägliche Gebrauchsgegenstände für Körperbehinderte hergestellt werden.

Das Ziel, engere Verbindungen zwischen Tagesstätten für Kinder und dem Gemeinwesen zu stiften, prägten den Situationsansatz von Anfang an. Würden wir in Gedanken das Gebäude eines Kindergartens verschwinden, ihn aber gleichwohl existieren lassen, müssten wir lernen, uns im Gemeinwesen zu bewegen und Aufenthalts- wie Erfahrungsorte zu ermitteln. In Philadelphia/USA existierte eine Zeit lang die *School without Walls*, eine Schule ohne Mauern. Schüler und Lehrer trafen sich im alten Schulgebäude nur noch, um die

Wenn man Mauern einreißt, heißt es bei Gottfried Keller, wird Sicht frei

Das Ziel, engere Verbindungen zwischen Tagesstätten für Kinder und dem Gemeinwesen zu stiften, prägte den Situationsansatz von Anfang an

Was ist wichtig am Situationsansatz?

Vorgängen kann man auf der Spur bleiben, den Müllmännern bis zur Müllkippe folgen, Eltern kann man an ihren Arbeitsplätzen aufsuchen

Projekte in und mit der Stadt – die Schüler arbeiteten in Zeitungsredaktionen, Betrieben, Ämtern oder Initiativen mit – zu planen oder auszuwerten.

Oberitalienische Städte intensivierten in den späten siebziger Jahren das Verhältnis zwischen Bildungseinrichtungen und Gemeinwesen: Venedig richtete die *itinerari educativi* ein, pädagogische Pfade, auf denen sich tausende von Kindern und Eltern mit den Problemen des niedergehenden venezianischen Kunsthandwerks oder mit der Verschmutzung der Lagune vertraut machen konnten. Florenz ließ Kinder Musik in der Stadt lernen, in Zusammenarbeit mit dem Sinfonieorchester, dem Ballett, den vielen Musikgruppen. Pavia entdeckte mit Kindern und Schauspielern das Straßentheater und die mittelalterlichen Aufzüge neu. Reggio entwickelte Krippen, deren Gemeinwesenorientierung und Verankerung in der Bürgerschaft mindestens genauso bedeutsam waren wie jene Gestaltung der Innenwelt, die später verkürzt, unter Ausblendung ihrer kommunalpolitischen Dimension, als Reggio-Pädagogik bekannt wurde. Wenn Gemeinwesenorientierung ein Doppeltes bedeutet, nämlich einerseits Lern- und Erfahrungsorte im Gemeinwesen zu erschließen und andererseits, die Einrichtung nach innen zu öffnen, so ist Ersteres seit Beginn der Reform im Westen nur in Ansätzen, in der DDR deutlicher, wenngleich formalisierter umgesetzt worden. Relativ vielfältige Kontakte gab und gibt es zu Institutionen im

Gemeinwesen, zu Schulen, Altersheimen, Bibliotheken und zu Geschäften, zu Vereinen, zur Polizei, zur Post oder Bahn.

Vorgängen kann man auf der Spur bleiben, den Müllmännern bis zur Müllkippe folgen, dem Krankenwagen bis zum Krankenhaus, Eltern kann man an ihren Arbeitsplätzen aufsuchen und in Erfahrung bringen, was sie tagsüber tun. Man kann sich gegenseitig besuchen, die Wohnungen und Familienmitglieder anderer Kinder kennen lernen. Erfahrene Menschen von draußen lassen sich einbinden, der Großvater aus dem Schrebergarten, der beim Gemüseanbau berät, die Handwerker aus dem Altersheim, die nach einem Einbruch zerstörtes Spielzeug reparieren und Kinder mitmachen lassen.

Eine Apothekerin lädt eine Kindergruppe in ihre neue Apotheke ein. Die Kinder öffnen die Schubfächer, rühren Salben an, drehen Zäpfchen, schnuppern an verschiedenen Tees. Ihre selbst hergestellten Salben dürfen sie mit nach Hause nehmen. Sie machen Bilder von ihren Erlebnissen und schenken sie der Apothekerin. Ein paar Tage später hängen sie im Schaufenster – zum Stolz der Kinder. Die Einrichtung als Haus der offenen Tür. Die Beispiele dafür sind zahlreich: Elternvertreter nutzen Personalräume. Arbeitskreise für allein erziehende Mütter treffen sich. Spielnachmittage für Mütter mit Kindern auf der Warteliste werden eingerichtet. Eine Kita bietet mit einer Hebamme zusammen Schwangerschaftsvor- und -nachbereitungen an und wirbt damit indirekt für Nachwuchs in der Krippe. Eltern bekommen den Schlüssel für Veranstaltungen ohne Erzieherinnen. Frauen- und Männerstammtische werden gegründet. In einer Einrichtung bietet eine Therapeutin Eheberatung an, bevor die Ehekräche erst richtig losgehen. Initiativgruppen betreiben Yoga, organisieren Kochkurse, üben die Modeschneiderei oder veranstalten Exkursionen. Die Kita wird zuneh-mend dort neu erfunden, wo auch in Gebieten mit magerer Einkommensstruktur Veranstaltungen und Dienstleistungen für das ganze Wohngebiet – Betriebsfeste, Kindergeburtstage, Selbsthilfegruppen, Hausaufgabenhilfen oder Secondhandbasare – angeboten und zusätzliche Mittel erwirtschaftet werden. Der Vandalismus verschwindet, der Kiez wird lebendiger.

Entdeckungen im Drinnenland

Früher: ein Hauch klinischer Öde. Der Gruppenraum mit Bau- und Puppenecke, Tische, Stühlchen, Regale mit Türen, die möglichst verschlossen bleiben; Spielsachen nur dann herausholen, wenn man sie vorgeben will. Hinterher alles wieder wegschließen. Die Flure kahl und leer.

Als Erzieherinnen in einer Kita in Offenbach vor vielleicht fünfundzwanzig Jahren genug davon hatten, Kindergruppen wie Dompteure in unwirtlichem Umfeld zu beschäftigen, kamen sie auf die Idee, die Gruppenräume in ein Labyrinth zu verwandeln. Sie besorgten sich offene Regale, offene Kisten und Utensilien aller Art aus Dachböden und Kellern in der Nachbarschaft und krempelten die Kita um. Ihre Absicht war es, kleine Spiel- und Lernbereiche zu schaffen und zentrale Kreuzungen oder Sammelplätze zu vermeiden. Die meisten Tische und vor allem Stühle brauchten sie nicht mehr,

Als Erzieherinnen genug davon hatten, Kindergruppen wie Dompteure zu beschäftigen, kamen sie auf die Idee, die Gruppenräume in ein Labyrinth zu verwandeln

Was ist wichtig am Situationsansatz?

Und weil sie noch mehr Platz brauchten, bezogen sie die Flure mit ein und verschonten auch den Eingangsbereich nicht

Selbsttätigkeit, Wahlfreiheit, Erfahrung konkreter Lebenssituationen

stattdessen Platz. Nun bauten sie das Labyrinth, schufen Ecken und Nischen mitten im Raum, stellten die Regale kreuz und quer und füllten sie mit interessanten Dingen aus der Welt von draußen. So entstanden die Frühstücksecke und die Schminkecke und die Ausruh- und Bücherecke, die Kochecke und die Handwerkerecke und Ecken, die sie je nach Situation so oder so verwandeln konnten. Und weil sie noch mehr Platz brauchten, bezogen sie die Flure mit ein und verschonten auch den Eingangsbereich nicht.

Ihr Labyrinth hatten sie nach drei Grundsätzen eingerichtet.

• Selbsttätigkeit bedeutet, die Kita als eine Spiel- und Werkstatt, als eine Forschungseinrichtung zu gestalten, mit der Kinder selbsttätig umgehen können, in der nicht alle Funktionen, Gerätschaften und Materialien an festgelegte Vorstellungen gebunden sind, sondern von Kindern mitbestimmt und mitgestaltet werden können.

• Wahlfreiheit für Räumlichkeit, Tätigkeit und Material bedeutet, den Kindern ein stark gegliedertes räumliches System sowie differenzierte, verschiedenartige Materialien verfügbar zu machen, damit sie individuellen Bedürfnissen – wie Spielen, Schlafen, Essen, Arbeiten – nachgehen und mit frei zugänglichen Materialien hantieren können.

• Erfahrung konkreter Lebenssituationen zielt unter anderem darauf, dass Gefahren nicht ganz ausgeschaltet, sondern kontrollierbar gehalten werden, dass sich die Tätigkeiten

des Personals nicht außerhalb des Handlungsfeldes der Kinder vollziehen, sondern in den gemeinsamen Ablauf einbezogen werden.

Der dritte Grundsatz führte hier wie auch in anderen Einrichtungen, die nach dem Situationsansatz arbeiten, zu einer Bevorzugung von „echten" Materialien gegenüber den zu Spielzwecken extra hergestellten. Also lieber vom nächsten Hausarzt eine alte Schiene samt Bandagen besorgen als das Spielzeugplastikköfferchen für den kleinen Sanitäter kaufen. Lieber eine kaputte alte Uhr mit sezierbarer Innenwelt organisieren als eine aus dem Spielzeugkatalog bestellen. Lieber eine alte richtige Waage leihen, als eine Spielzeugwaage erwerben. Und lieber die Kinder bei der Suche nach Materialien, die man für Projekte und Spiele brauchen kann, beteiligen, als alles selbst besorgen und ihnen vor die Nase setzen.

Im Osten war man der Knappheit wegen aufs Improvisieren stärker angewiesen als im Westen. Im Westen wurde bei Einrichtungen, die das Geld dafür auftreiben konnten, gelegentlich die Gefahr deutlich, mehr und mehr der Spielzeugabteilung eines Kaufhauses zu ähneln und Kinder in Konsumspiralen hineinzuschicken. Richtig ist, dass dagegen eine kleine Bewegung, die des zunächst wieder spielzeugfreien Kindergartens, angeht: Raus mit der schönen falschen Welt, wir üben die intelligente Bescheidenheit, bauen uns unsere Sachen selbst und gestalten die Einrichtung neu. Wir sind die

Erbauer und Erfinder, Selbstbestimmung ist unser Ziel.

Zurück zum Labyrinth in Offenbach: Die Kinder spielten und arbeiteten nun in kleinen altersgemischten Gruppen in den verschiedenen Bereichen, organisierten ihr Frühstück selbst, schliefen, wenn sie müde waren, wurden viel selbstständiger, arbeiteten mehr zusammen. Sie ließen den Erzieherinnen einerseits die Chance, immer mal wieder neue Impulse zu setzen, und verhalfen ihnen andererseits zu mehr Gelassenheit. „Wir konnten", stellten die Erzieherinnen erfreut fest, „in Ruhe Tee trinken und fanden mehr Zeit und Gelegenheit, die Kinder zu beobachten."

Heute steht die veränderte Raumgestaltung in vielfältigen Varianten oft am Anfang des Weges, auf den sich ein Team in Richtung Situationsansatz macht. Erzieherinnen überdenken ihr Raumkonzept beispielsweise, wenn sie beginnen, ihre Gruppen zu öffnen. Heute werden Kinder stärker und aktiver als früher in solche Prozesse der Gestaltung und Veränderung einbezogen. Heute machen sich mehr und mehr Einrichtungen daran, ihre Außenfläche einer gründlichen Revision und intensiveren Nutzung zuzuführen. Abenteuerspielplatz, Kaninchenzucht oder Biogarten? Oder alles zugleich? Wer über Fläche verfügt, kann sich glücklich schätzen wie jene Kita in Berlin-Hohenschönhausen, deren Traum es ist, für Kinder und Nachbarn einen der Landschaft des Erzgebirges nachempfundenen kleinen Garten Eden anzulegen – mit Höhenzügen und Tälern, Waldwiesen, Wasserläufen und Waldwegen, mit Grotten, Pferdegöbeln, Huthäusern und Pochwerken –, mitten in der Plattenbausiedlung, dort, wo die Menschen sich wieder begegnen wollen.

Zehn Raum-Regeln im Situationsansatz:

1. Räume werden von Kindern mitgestaltet.
2. Räume sind veränderbar.
3. In Räumen spielt sich Unterschiedliches gleichzeitig ab.
4. Häuser und Räume sind offen.
5. Räume machen unterschiedliche Kulturen sichtbar.
6. Räume passen sich Menschen mit Behinderungen an, nicht umgekehrt.
7. Räume sind umweltfreundlich.
8. In Räumen ist weniger mehr und Ästhetik erlaubt.
9. Räume sprechen alle Sinne an.
10. Räume enthalten Material, das herausfordert.

„Wir konnten in Ruhe Tee trinken und fanden mehr Zeit und Gelegenheit, die Kinder zu beobachten."

Der Mensch macht einen Plan

Frühlingsommerherbstundwintersanktmartinnikolausadventweihnachtenfreispielfrühstückbeschäftigungmittagessenfreispielschlusskreisfrühlingsommerundsoweiter: Das Jahreszeitengitter legt sich über das Festegitter und das wiederum über das Tagesablaufgitter, und das alles muss man sich ein bisschen wie die vergitterte Luke zum Licht beim Gefangenenchor im „Fidelio" vorstellen: unten im Gewölbe Kinder und Erzieherinnen, jenseits des Gitters die Freiheit des Situationsansatzes? Ein bisschen schon, aber nicht ganz. Es geht um die Lockerung starrer Strukturen. Die Organisation soll die Handlungssequenzen – wie bei den kanadischen Indianerkindern – erleichtern: die kleineren oder größeren Projekte, die Spiele drinnen oder

Vorhaben folgen einer Art innerer Logik

draußen. Jedes dieser Vorhaben folgt, was seine Zeitstruktur angeht, einer Art innerer Logik; es wird zeitlich von den Interessen der Kinder, von ihrer Beharrlichkeit und von den Impulsen der Erzieherin bestimmt. Dominierten die feste Planung, der Lehrplan, die starre Struktur, der Weg ohne Abweichung, dann ist auch –

wir richten die Kamera auf den Lady-Trench-Kindergarten in Hongkong mit Vier- und Fünfjährigen – der Gang zur Toilette um 10.00, um 11.50, um 12.30, um 14.45 und um 16.00 Uhr strikt geregelt, und die *indoor activities*, die Beschäftigungsvorgaben, umfassen von 10.20 bis 11.50 Uhr die Fächer Sozialkunde, Sprechunterricht im Chinesischen, Sprechunterricht im Englischen, Schreibunterricht, Mathematik, Kunst, Musik, Bewegung und zum Abschluss schnell noch zwei Geschichten: Drill im Zeitraffer, dem zu Hause dann noch eine oder anderthalb Stunden Hausaufgaben folgen. Situationsbezogene Planung bedeutet Balance von Struktur und Freiraum, Flexibilität, innere Differenzierung, Individualisierung und Beteiligung der Kinder: Kleine Gruppen oder auch einzelne Kinder unternehmen Unterschiedliches und brauchen dafür auch unterschiedlich lange Zeit. Dabei kommt es zunehmend zur Aufhebung der Trennung von Freispiel und Beschäftigung, weil Kinder in ihren Rollenspielen, Spielen und Arbeiten situationsbezogene Erlebnisse und Vorerfahrungen weiterverarbeiten und sich an die Kategorien Erwachsener nicht mehr halten. Dass dabei auch Jahreszeiten und Feste eine Rolle spielen können, bestreitet niemand. Wenn es darum geht, den Gemüseverkauf für den Sommer vorzubereiten und Beete anzulegen, spielt des Frühjahr eine wichtige

Rolle. Und wenn der Tischschmuck beim Nachmittagstee sich nach den Jahreszeiten richtet – wie schön. Starre Strukturen sind nicht mit Ritualen zu verwechseln: mit der bestimmten Art, einen Geburtstag zu feiern, mit der Art, eine Geschichte zu erzählen oder vorzulesen. Auch sperrt sich der Situationsansatz nicht gegen Aktivitäten anderer Art, sofern sie seinen Prinzipien nicht widersprechen – es bleibt also viel Platz für Elemente aus der Tradition der Kindergartenerziehung.

Während in früherer Zeit die Erzieherin mit ihrer Gruppe allein arbeitete, wird seither die Zusammenarbeit immer selbstverständlicher. In Teambesprechungen werden Situationsanalysen erarbeitet, Zielsetzungen formuliert, Probleme besprochen, schwierige Fälle beraten, organisatorische Weiterentwicklungen vereinbart, die Elternarbeit geplant.

Manchmal spielt der Zufall bei der Planung mit: Ein Kindergarten hatte in der Vorweihnachtszeit für einen Nachmittag geschlossen. Drei Kinder kamen aus Versehen trotzdem, und es gab Tränen, als sie merkten, dass sie eigentlich gar nicht hätten erscheinen sollen. Die beiden Erzieherinnen mussten dringend in die Stadt, um Besorgungen zu machen: Sie schlugen den Kindern kurzerhand vor, sie zu begleiten. Man zog los, und als alles erledigt war, wurden die Kinder gefragt, was sie nun gern tun würden. Sie wollten ins Café, die Erzieherinnen der Kälte und des Kaffees wegen auch, so war man sich rasch einig. Im Café waren die Tische voll besetzt bis auf einen, an dem nur eine alte Frau saß. Während die Erzieherinnen noch zögerten, steuerten die Kinder auf diesen Tisch zu. Und als die Erzieherinnen sich endlich entschlossen hatten, dort Platz zu nehmen, war die

Starre Strukturen sind nicht mit Ritualen zu verwechseln

Manchmal spielt der Zufall bei der Planung mit

Was ist wichtig am Situationsansatz?

alte Frau mit den Kindern bereits im Gespräch: „Bist du ein Junge?" und „Wie alt bist du?", und „Wollt ihr wirklich richtigen Kaffee trinken oder lieber Orangensaft?" und zu einer der Erzieherinnen gewandt: „Sind das Ihre Kinder?" „Nein, das nicht." – Der alten Frau wurde berichtet, woher die Gruppe kam und wessen Kinder das waren.

Die Frau suchte in ihrer Handtasche und zeigte dann Bilder von ihrer Tochter und ihren Enkelkindern. Sie sagte, dass die jetzt in Afrika leben würden und sie traurig darüber sei, weil sie das jüngste der Enkelkinder während des ersten Lebensjahres mit versorgt hätte und sie alle miteinander sehr lieben würde. Sie erzählte von Menschen und Tieren, von der Sonne und der Hitze in Afrika. Worüber sie sonst noch gesprochen haben? Über die Beine unter dem Tisch beispielsweise: „Guck mal, deine Beine gehen schon bis runter auf die Erde." „Und eure Beine können noch besser in der Luft baumeln." Oder über Ängste der Tochter, als die noch jung war: „Sie wollte früher nie zum Frisör und hat immer geschrien, wenn sie hin musste. Und wisst ihr, was jetzt ist? Heute ist sie Frisöse geworden." Interessant für Kinder? Na klar.

Im Ergebnis hatten die Kinder in der alten Dame eine neue Freundin gefunden, zu der sie Kontakt hielten. Und die Erzieherinnen merkten danach, dass ihr Erlebnis zur Schlüsselsituation „Kinder und alte Leute" passte, mit der sie sich gerade befassten. So kam es, dass der kleine

Vorfall im Curriculum Soziales Lernen überliefert wurde.

Der Zufall wirkte auch in einem anderen Kindergarten mit: Zwei Arbeiter kamen und begannen, ein Loch im Garten zu graben, um eine Schaukel einzubetonieren. Die Kinder fragten, ob sie mitmachen dürften, holten ihre Schippen und buddelten mit. Mittags gab es Spagetti, die beiden Arbeiter wurden dazugebeten, sie hießen Antonio und Francesco, sahen die Spagetti, probierten sie, dachten sich freundlich ihren Teil und boten an, das nächste Mal die Spagetti lieber selbst zu kochen. Auch am Tag darauf wurde weitergebuddelt. Am dritten Tag kochten die Italiener ihre Spagetti, ließen einige Kinder mitmachen und boten den Erzieherinnen zum Essen Rotwein an. Die Kinder wollten auch welchen und bekamen stattdessen Hagebuttentee, den sie mit Genuss tranken, obwohl sie ihn früher nicht mochten. Einige, die sonst wenig aßen, schafften zwei volle Teller.

Die Erzieherinnen fotografierten und boten Antonio und Francesco an, später die Dias anzuschauen. Als es so weit war, kamen die beiden. Nun waren sie elegant angezogen und luden die Erzieherinnen ins Kino ein. Wir blenden uns hier aus, obwohl die Geschichte noch weiter ging und Hinweise darauf enthält, dass der Situationsansatz nicht immer da aufhört, wo man denkt, sondern irgendwo im Leben landet.

Die Forscherin, die Entdeckerin, die Begleiterin

Sie wissen auch nicht, was ein *lumbricus terrestris* ist? Die Erzieherin, von der hier die Rede ist, wusste es ebenfalls nicht, bis sie vom Anglerverein darüber aufgeklärt wurde, dass es sich beim Gemeinen Regenwurm, so heißt er auf Deutsch, um kein anglerfähiges Exemplar handelt, der Anglerverein vielmehr den aristokratischen Kanarischen Wurm haben wolle, der lebe länger am Haken. Wir befinden uns im Projekt Wurmzucht, ausgehend von der Schlüsselsituation „Auf die eigenen Füße fallen und sich Mittel selber erwirtschaften". Die Erzieherin als Wurmforscherin, ermuntert durch ihren vierzehnjährigen Sohn, einem Hobbyangler: Die Handlung besteht im Wesentlichen darin, dass die Erzieherin die Kinder anregt und von ihnen angeregt wird, 500 Würmer in einer angenehmen und nährstoffreichen Umgebung, einer Wurmkiste, zu motivieren, je

Was ist wichtig am Situationsansatz?

Die Erzieherin im Situationsansatz ist die Anregerin, die Entwicklungsbegleiterin, die Forscherin, die Moderatorin, die Mitlernende

Wurm 500 bis 600 Nachkommen zu erzeugen. Jeder Wurm lässt sich dann für 24 Pfennige an den Anglerverein verkaufen. Der Umstand, dass die beteiligten Kinder wie auch die Erzieherin vom Wurmfimmel befallen sind, reicht aus, um dem Pfad der Erkenntnis ganz von selbst zu folgen – in der Psychologie würde man sagen, intrinsisch statt extrinsisch motiviert –, ohne Kommandos. Und so bringen die Beteiligten auch in Erfahrung, wie man die nunmehr ausgewachsenen Würmer aus der Wurmkiste herausbringen kann, ohne die kleinen mitzufangen. Man nehme eine starke Lampe, platziere sie über der Kiste und warte ab, bis sich die ausgewachsenen Würmer in einem

großen, bequem herausnehmbaren Knäuel zusammenrotten, während die kleinen, jungen Würmer weiterwuseln, als sei gar kein Licht da. Irgendwann mag es auch sein, dass die Kinder lieber mit dem Kleingärtnerverein verhandeln, um den Würmern ein längeres Leben zu ermöglichen, der Erkenntnis sind keine Grenzen gesetzt.

Die Erzieherin im Situationsansatz: Sie ist die Anregerin, die Entwicklungsbegleiterin, die Forscherin, die Moderatorin, die Mitlernende, die Neugierige, die zwischen Tradition und Innovation Balancierende, die Entdeckerin und die Kommunalpolitikerin.

Planung konkret

Alle Bände der Reihe Kindersituationen folgen der Gliederung: „Erkunden", „Entscheiden", „Handeln" und „Nachdenken". „Erkunden" meint Auswahl und Analyse einer Situation. „Entscheiden" bedeutet, angesichts der Situation pädagogische Ziele und Qualifikationen zu formulieren. „Handeln" heißt, eine situationsbezogene pädagogische Praxis zu entfalten. „Nachdenken" ist angesagt, um das Geschehene zu überprüfen und sich über das weitere Vorgehen Klarheit zu verschaffen.

Erkunden

Situationen werden dann zu Situationen, wenn Sie sie bestimmen, wenn Sie sagen „Ich finde, das ist eine" oder „Das könnte eine sein", und wenn Sie begründen, warum es eine ist oder sein könnte.

Das Leben ist ein Fluss mit Stromschnellen, Wirbeln, ruhigen Seitenarmen und Verzweigungen. Sie stehen am Ufer und blicken ins Wasser. An Ihnen vorbei gleiten Ereignisse, Vorfälle, Personen. Sie sagen zum Fachberater D., der immer schon wissen wollte, was Situationen sind, wo sie anfangen und wo sie aufhören: „Sehen Sie, Herr D., da schwimmen sie!" Herr D. bemerkt nun auch, dass alles im Fluss ist und man schlecht sagen kann, wo die eine Situation anfängt und die andere aufhört.

Also Flossen an und eine Weile mitschwimmen. Da, wo Sie gerade sind, ist Ihre Situation, hat Ihre Wahrnehmung dazu geführt, dass Sie sie erkennen. Im Wissenschaftsdeutsch und zum Zähneausbeißen: Der Linguist K. Bayer schlägt auf Seite 90 seines 1977 in Tübingen erschienenen Buches „Sprechen und Situation" vor, „das Wort ‚Situation' zur Bezeichnung der subjektiven Umweltinterpretation und -orientierung des einzelnen Handelnden (Kommunikators) zu verwenden, so weit diese als komplexe Voraussetzung der jeweils wissenschaftlich zu erklärenden Handlung fungiert".

Nachdem auch Herr D. über diese Definition zweimal nachdenken muss, übersetzen wir sie zu dritt ungefähr so: Erstens: Situationen gibt es natürlich auch unabhängig von Ihnen. Für Sie existieren Situationen aber erst dann, wenn Sie sie wahrnehmen. Zweitens: Dadurch, dass Sie sie wahrnehmen, interpretieren Sie sie bereits. Sie erschaffen die Situation und geben ihr eine Bedeutung. Drittens: Je besser Sie sie recherchieren und interpretieren, desto eher entwickeln Sie für sich wie für die Kinder Orientierungs- und Gestaltungsmöglichkeiten. Sie handeln. Und weil Sie nachvollziehbar handeln, kann Herr Bayer das wissenschaftlich erklären und Herr D. besser als vorher verstehen.

Viele Wege führen in die Wirklichkeit, nicht alle sind pädagogisch ergiebig. Die Situationsanalyse entscheidet über die Ergiebigkeit.

Nehmen wir wieder ein Bild: Sie befinden sich mit Ihren Kindern im Gebirge und wollen ins Gelobte Land. Vor ihnen eine Felswand. Unten am Fuß der Wand verschiedene Türen. Sie öffnen die Tür Nr. 1 und sehen dahinter eine Landschaft. Sie machen sich auf den Weg und erkunden sie. Einige Kinder begleiten Sie. Die Landschaft ist vielfältig, der Weg lohnt.

Hinter der Tür Nr. 17 stürmt und regnet es, also Kapuzen über und feste Stiefel an. Nr. 8 führt durch Täler auf Höhen hinauf, und später sagen die Kinder: „Hier kommt es

Viele Wege führen in die Wirklichkeit, nicht alle sind pädagogisch ergiebig

Da, wo Sie gerade sind, ist Ihre Situation, hat Ihre Wahrnehmung dazu geführt, dass Sie sie erkennen

uns so bekannt vor." Richtig, die Landschaft hinter der Tür Nr. 8 geht in jene hinter der Tür Nr. 1 über. Hinter der Tür Nr. 11: kein Baum, kein Wasser, nur Dürre – Tür zu, es lohnt nicht.

Die Arbeitsgruppe Vorschulerziehung hat seinerzeit Kriterien zur Situationsauswahl entwickelt, die hier etwas ergänzt und modifiziert wiedergegeben werden:

- Es sollen Situationen von Kindern und nicht von Erwachsenen sein.
- Es sollen Situationen sein, innerhalb derer wichtige Ziele und Werte des Situationsansatzes – wie Autonomie, Kompetenz, Solidarität, ökologische Verantwortung, Unternehmergeist – gefördert werden können.
- Es sollen beeinflussbare, gestaltbare Situationen sein, in denen ein kleines realutopisches Moment aufschimmert, das Wirklichkeit werden will.
- Es sollen Situationen sein, in denen – mit Hartmut von Hentig – die Sachen geklärt und die Menschen gestärkt werden können.
- Es sollen möglichst Situationen sein, die zur Lust am Leben beitragen – Probleme eingeschlossen, wenn's geht so, dass ihre Bewältigung auch Vergnügen bereiten kann.
- Es können Situationen sein, die als Trauma wirken könnten, wenn sie nicht aufgegriffen und bearbeitet werden.
- Es können Situationen sein, in die fast alle geraten, und solche, die nur eine kleinere Gruppe oder auch nur ein Kind betreffen.
- Es können Noch-nicht-Situationen sein, die geschaffen werden wollen.

Sie sind nicht allein auf unserem Planeten, binden Sie den Sachverstand auch anderer Menschen in Ihre Situationsanalyse ein.

Sprechen Sie mit den *Kindern*, fragen und beobachten Sie sie. Von unten kann eine Situation anders aussehen als von oben.

Fragen Sie *Eltern*, binden Sie sie in Ihre Theorieentwicklung ein. Das ist schon deshalb wichtig, weil es sein kann, dass Situationen konträr ausgelegt werden und Kinder auf unterschiedliche Erziehungskulturen treffen.

Beziehen Sie Ihre *Kolleginnen* mit ein oder auch kompetente *Nachbarn*. Mobilisieren Sie Sachverstand, wo immer Sie ihn finden können, nutzen Sie *Quellen*, die Erfahrungswissen oder wissenschaftliche Erkenntnisse enthalten. Eine Situationsanalyse ist Puzzle und Dialog zugleich.

Es mag sein, dass Ihre Interpretation von der anderer Menschen abweicht. Von Bedeutung ist, dass Sie sich vorher der Mühe einer Situationsanalyse unterzogen haben und Ihre Interpretation in aufgeklärter Kenntnis der Verhältnisse entwickeln. Ihre Interpretation ist letzthin entscheidend und Ihre Begründung dafür, denn Sie vor allem sind es, die zum nächsten Schritt überleiten, zur Bestimmung von Zielen pädagogischen Handelns.

Sie sind nicht allein auf unserem Planeten, binden Sie den Sachverstand auch anderer Menschen in Ihre Situationsanalyse ein

Entscheiden

Die Auswahl einer Situation ist bereits der erste Akt ihrer Interpretation. Je nachdem, wie Ihr erkenntnisleitendes Interesse beschaffen ist oder sich entwickelt, können Sie Situationen unterschiedlich deuten. Dieses Interesse richtet sich in unserem Fall im weitesten Sinn darauf, für Kinder bedeutsame Situationen daraufhin zu befragen, welche Lern-, Entwicklungs- und Gestaltungschancen in ihnen enthalten sind.

Dieses leitende Interesse gilt es zu formulieren, um einer beliebigen Betrachtung der Situation zu entgehen. Als von einem Team des Max-Planck-Instituts für Bildungsforschung die erste detaillierte Situationsanalyse am Beispiel von zwei größeren Betrieben unternommen wurde, war die leitende Frage: Was braucht ein in einem solchen Unternehmen tätiger Mensch an mathematischen oder mathematiknahen Fähigkeiten, um mathematikhaltige betriebliche Abläufe – wie das Kalkulations- und Rechnungswesen – durchschauen, verstehen und als mündiger Bürger auch kontrollieren zu können? Die Forscher stießen auf „qualifikationsrelevante Sachverhalte". Sie ermitteln zum Beispiel, dass der Betriebsrat die Bilanz in Teilen nicht kontrollieren konnte, weil beispielsweise Vorstands- und Ruhegehälter in einer Position vermengt worden waren. Der Betriebsrat konnte sich auch nicht erklären, warum die gleiche Immobilie in der Handelsbilanz mit – sagen wir – 538 Tausend Mark Wert und in der Steuerbilanz mit nur 472 Tausend Mark angegeben worden war. Als qualifikationsrelevant erwies sich weniger, dass man die Bilanz nachrechnen konnte – die stimmte rein rechnerisch –, vielmehr, dass man Quantifizierungsprozesse auf vormathematische Wertsetzungen zurückverfolgen konnte: Dann nämlich konnte man die Logik verstehen, die das Unternehmen – legal – dazu trieb, die gleiche Immobilie in der an den Fiskus gerichteten Steuerbilanz niedrig zu bewerten und in der Handelsbilanz gegenüber Geschäftspartnern hoch.

Also betrachten wir Situationen auf der Suche nach qualifikationsrelevanten Sachverhalten und übersetzen diese in wünschenswerte Qualifikationen, in Fähigkeiten, Fertigkeiten,

Je nachdem, wie Ihr erkenntnisleitendes Interesse beschaffen ist oder sich entwickelt, können Sie Situationen unterschiedlich deuten

Kenntnisse, Erfahrungen. Wir untersuchen und beschreiben die Anforderungen, die eine solche Situation enthält. Hier spielen Wertentscheidungen eine Rolle. In welche Richtung soll es gehen? Verstehen? Anpassung? Mitgestaltung, Veränderung? Geht es nur um die technische Bewältigung einer Situation oder um mehr, um handelnden Eintritt in die noch so kleine Geschichte?

Wenn wir Ziele formulieren, haben wir zweierlei im Blick: das Kind, das sich selbsttätig auf den Weg macht, solche Qualifikationen zu erwerben und sich Kompetenzen anzueignen, und die Situation, die es zu gestalten gilt. Was dieses zweite Ziel anbelangt, sind wir Erwachsenen gelegentlich aufgerufen, uns zu beteiligen und

nicht alles den Kindern aufzubürden. Nehmen wir an, eine Kindergruppe bereitet sich auf den Übergang zur Schule vor: Wer wirkt mit sanfter Überzeugungskraft auf die Lehrkräfte ein, die Gruppe nicht aufzulösen, sie nicht auf Parallelklassen aufzuteilen und auch nicht frontal, sondern offen und binnendifferenziert zu unterrichten? Wir Erwachsenen.

Den Bildungsanspruch des Situationsansatzes ernst zu nehmen heißt, mit geschärftem Blick den Bildungsgehalt von Situationen herauszudestillieren und „anzureichern": Es geht nicht nur um Wissen für die Situation, sondern um Kontextwissen, um Überblickswissen, um Weltverständnis, um die Entwicklung von Lernstrategien.

Es geht nicht nur um Wissen für die Situation, sondern um Kontextwissen, um Überblickswissen, um Weltverständnis, um die Entwicklung von Lernstrategien

Handeln

*Nicht das spekta-
kuläre Vorhaben
steht im Vorder-
grund, sondern die
Anreicherung
des Alltags*

Nicht das spektakuläre Vorhaben
steht im Vordergrund, sondern die –
Realerfahrungen ermöglichende –
Anreicherung des Alltags. Die Situation durchdringt gleichsam den Alltag, prägt ihn in kleinen Ereignissen
mit, schafft Lerngelegenheiten. Die
Kindergartentradition und -reform
verfügt in ihrem Repertoire über eine
große Palette von Aktivitäten, sodass
wir die Beherrschung dieser Palette
unterstellen können und es hier nur
darum geht, sie in situativen Zusammenhängen anzuwenden.

Hier ist nun viel Fantasie gefragt, um
mit den Elementen dieses Repertoires umzugehen, also Projekte, Rollenspiele, Spiele, Gespräche, Musik,
Bewegung, künstlerische Fähigkeiten
oder Geschichten so zu mischen, damit zwar der gemeinsame Bezug zur

Situation deutlich bleibt, aber kein
Stundenplan herauskommt, keine
Mechanik der Abfolge, vielmehr eine
bunt gemischte Anregungswelt, die
durch die Kinder wesentlich mitgestaltet wird.

Situationsanlässe sind zahlreich und
willkommen, man muss aber nicht,
wenn die Situation wichtig ist, in jedem Fall darauf warten. Rollenspiele
und andere Spiele im Situationsansatz verarbeiten oft das zuvor Erlebte.
Im Spiel werden Situationen abgewandelt. Es kann zum *acting out*, also
dazu kommen, sich Erlebnisse, auch
halb verschüttete, vom Leib zu
spielen. (Siehe auch den Band: Hier
spielt sich das Leben ab. Wie Kinder
im Spiel die Welt begreifen, in dieser
Praxisreihe.)

Das *Projekt* mit einer Verbindung
von Reflexion und Aktion klärt Situationen auf und gestaltet sie. Über
Projekte werden Situationen innerhalb und außerhalb der Einrichtung
erschlossen. *Spielsachen* können sich
in symbolische Repräsentanten von
Situationselementen verwandeln. Die
künstlerische Tätigkeit – das Malen,
Modellieren, die Musik – kann mit
Elementen und Erfahrungen aus
Situationen spielen und sie verwandeln; die künstlerische Umdeutung
von Situationen hilft, die Verdinglichung, die scheinbare Erstarrung
und Verfestigung von Situationen
immer wieder aufzubrechen.

Um dieses Arsenal reichhaltig zu

gestalten, sich dabei an den Prinzipien des Situationsansatzes zu orientieren und wichtige Bereiche nicht zu vergessen, sind Fragen wie diese von Bedeutung:

• Stehen die pädagogischen Aktivitäten in einem nachvollziehbaren Zusammenhang mit der Situationsanalyse und der Zielbestimmung?

• Fördern sie die grundlegenden Ziele des Situationsansatzes – Autonomie, Solidarität, Kompetenz, Verantwortung gegenüber der Natur, den Unternehmensgeist?

• Sind sie differenzierend angelegt, sind sie kind- und altersgemäß, berücksichtigen sie unterschiedliche Entwicklungen bei Kindern? Tragen sie der Arbeit in altersgemischten Gruppen Rechnung?

• Fordern sie heraus, regen sie die Selbsttätigkeit der Kinder an, fördern sie die Möglichkeit, dass Kinder mitplanen, Normen und Regeln mitentwickeln?

• Sprechen sie unterschiedliche Kompetenzbereiche an? Fördern sie die kognitive und emotionale Entwicklung? Fördern sie Bildung? Dienen sie dem Ziel, dass Kinder das für ihre Handlungsfähigkeit notwendige Wissen und Können in sozialen Sinnzusammenhängen erwerben? Können Kinder ihre Vorerfahrungen einbringen?

• Zielen sie auf die Ganzheitlichkeit der Person, wecken sie die Sinne, die Gefühle, die Neugierde, die Fantasie? Entsprechen sie der Lust an Bewegung?

• Berücksichtigen sie, dass wir in der einen multikulturellen Welt leben?

• Dienen sie der Integration – von Kindern mit Behinderungen, von Außenseitern, von Kindern mit Schwierigkeiten?

• Beziehen sie Eltern mit ein? Erleichtern sie Eltern die entwicklungsbezogene, planmäßige und praktische Mitwirkung, nutzen sie deren Kompetenzen, nehmen sie Rücksicht auf ihre Interessen und zeitlichen Möglichkeiten? Unterstützen sie Eltern, die Kindertagesstätte als Kommunikationsort zu nehmen und für deren Belange aktiv zu werden?

• Tragen sie zur Öffnung der Einrichtung nach innen und außen bei? Beziehen sie Nachbarn mit ein? Erschließen sie Orte im Gemeinwesen, an denen soziale Interaktionen stattfinden und Lernerfahrungen gemacht werden können?

• Helfen sie, die Einrichtung in ihrer Ausstattung und Raumgestaltung erfahrungs- und anregungsreicher zu gestalten? Nutzen sie Materialien aus den Situationen von „draußen"?

• Erlauben die Aktivitäten den Erzieherinnen, mit auf die Entdeckungsreise zu gehen, mit zu forschen, mit zu entwickeln? Fördern sie die gruppenübergreifende Zusammenarbeit?

Längst nicht alle Punkte müssen bei allen Aktivitäten vorkommen. Es lohnt allerdings, solche Fragen immer wieder zu stellen und für Vielfalt der Impulse zu sorgen, dafür, dass die Einrichtung zum ständigen Labor und Ausgangspunkt für Erkundungen und Gestaltungen der Wirklichkeit wird.

Das Projekt mit einer Verbindung von Reflexion und Aktion klärt Situationen auf und gestaltet sie

Es lohnt, dafür zu sorgen, dass die Einrichtung zum ständigen Labor und Ausgangspunkt für Erkundungen und Gestaltungen der Wirklichkeit wird

Nachdenken

Wie war's, wie ist es gelaufen? Wie könnte es weitergehen?

Zwei Fragen regen zum Nachdenken an. Erstens: Wie war's; wie ist es gelaufen? Und zweitens: Wie könnte es weitergehen?

Die erste Frage gilt der Evaluation, also der Bewertung und Einschätzung dessen, was an Aktivitäten zustande gekommen ist:

• War die Situationsanalyse hinreichend differenziert und die Theoriebildung stimmig?

• Sind die Zielsetzungen realistisch formuliert worden?

• Standen die Aktivitäten im wirklichen Zusammenhang mit den Zielen?

• Werden die beteiligten Kinder behutsam und angemessen herausgefordert und gefördert – unter Berücksichtigung ihrer Entwicklungsvoraussetzungen?

• Wurde die Bandbreite des Repertoires – von Projekten und Spielen bis zur Beteiligung von Eltern – genutzt und ausgeschöpft?

• Gab es Schwierigkeiten, Misserfolge, Überraschungen, aus denen sich fürs nächste Mal etwas lernen lässt?

Hier ist die Dokumentation des Geschehens für die künftige Weiterarbeit von großem Nutzen, wie auch die schriftliche Auswertung von Erfahrungen: Langsam entwickelt sich daraus ein Fundus der Einrichtung, auf den auch Kolleginnen und Eltern zurückgreifen können.

Entdeckungsreisen können unbegrenzt dauern, ein offenes Ende haben, sich verzweigen

Die zweite Frage nach der Zukunft stellt sich oft nicht in der Art, ob eine Situation „abgearbeitet" ist und man nun die nächste auswählt, sondern eher so, ob von einer Situation zahlreiche Brücken zu weiteren Situationen führen, ob sich Situationen vernetzen, damit man eher die Qual der Wahl hat und es wiederum von den besonderen Interessen der an der Planung beteiligten Kinder abhängt, wo und wie sie am liebsten weitermachen würden. Entdeckungsreisen können unbegrenzt dauern, ein offenes Ende haben, sich verzweigen. Wir selbst sind es, die diese Wege finden, die Situationen wählen, die Konturen zeichnen; so wie der Film, der, sagt Sergej Eisenstein, der große Regisseur, nicht nur am Drehort, sondern vor allem in unseren Köpfen entsteht: „Das Bild einer Szene, eines ganzen Werkes, existiert nicht als etwas, das fertig ist oder endgültig. Jeder Zuschauer erschafft sich sein eigenes Bild: wie es aussieht, hängt von seiner Persönlichkeit, seinen Eigenheiten und seinen Erfahrungen ab, von den Wundern, die in seinen Phantasien entstehen, vom Hin und Her seiner Assoziationen."

Hintergrund

Wie es begann

Rückblende, erster Akt, Ende der sechziger Jahre im Westen:

Vorschulische Erziehung wird Priorität. Bildungsforscher betonen die Möglichkeiten frühkindlicher Förderung. Sie sagen: Für Begabung und Lernvermögen seien nicht mehr die Anlagen maßgebend. Die Anlagen seien nicht nach sozialen Schichten verteilt. Arbeiterkinder seien nicht „die letzten begabungsmäßigen Fettaugen", wie das Karl Valentin Müller in den fünfziger Jahren noch ungestraft behaupten konnte. Alles ist im Aufbruch. Die Vorschulkinder der Kennedy-Schule sind ein Modell, die Kinderläden ein zweites, die amerikanische Vorschulbewegung ein drittes. Eltern treffen sich, ob nun im Laden „Charlottenburg IV" oder in einer von der Frauenzeitschrift „Brigitte" beobachteten Eltern-Kind-Gruppe. Kinderdienstprobleme, Partnerprobleme, politische Probleme. Der „Zentralrat sozialistischer Kinderläden" in Westberlin redet seinen studentischen Mitgliedern so lange ins proletarische Gewissen, bis sie keine Lust mehr haben und er sich von selbst auflöst. Die Leselernwelle rollt an: *Mama, Papa, Hand* – Leselernkarten mal mit, mal ohne Bild. Wer damals Kinder entsprechenden Alters hatte, weiß von den Versuchungen, den Kleinen abends die Karten vor-

zuhalten, statt ihnen eine Gutenachtgeschichte zu erzählen.

Alles im Aufbruch und viel Verwirrung. Wie übt man bei Vierjährigen die Intelligenz? Man schreibe Aufgaben aus Intelligenztests ab, gebe sie Kindern vor, wiederhole dies mit geringen Variationen und freue sich, wenn die Kinder in diesen Tests später besser abschneiden. Wie übt man logisch-mathematisches Denken? Indem man, egal wovon, Mengen und Untermengen bilden lässt. Dann die Sprachtrainingsmappen: ein Bild mit Vater beim Zeitunglesen, Mutter beim Abwasch, Kind beim Spielen. Protest: Dies fördere traditionelle Rollen. Nächste Version: Vater beim Spülen, Mutter beim Spielen, Kind beim Zeitunglesen – Emanzipation und Kommerz, die Mappen sind ein Renner. So überschwemmen Leselernspiele, logische Blöcke, Intelligenztrainingsprogramme und Experten den Markt und erfassen die Kindergärten lange bevor Länder und Bund, Träger und Kommunen mit Modellversuchen auf die öffentliche Diskussion reagieren.

Zur Reform und Verwirrung trägt – wie schon skizziert – der Deutsche Bildungsrat bei. Denn er sagt erstens und zu Recht, man soll den vorschulischen Bereich als erste Stufe des Bildungswesens anerkennen und entwickeln. Er sagt zweitens aber auch,

Bildungsforscher betonen die Möglichkeiten frühkindlicher Förderung

Der Kindergarten soll nicht mehr nur aufbewahren und beschäftigen, sondern einem Bildungsanspruch genügen

man solle die Fünfjährigen der Schule zuordnen. Der Bildungsrat ging damals wohl von der Einschätzung aus, dass mit Kindergärten kein Staat zu machen sei. Immerhin: Die öffentlichen Forderungen, die Vorschläge des Bildungsrates bringen Bewegung ins Feld. Der Kindergarten, dieses Mauerblümchen, soll nicht mehr nur aufbewahren und beschäftigen, sondern einem Bildungsanspruch genügen. Das Konkurrenzverhältnis Ost/West zeigt Wirkung.

Zweiter Akt, Anfang bis Mitte der siebziger Jahre:

Der vorschulische Bereich wird quantitativ ausgebaut. Während 1970 im Bundesdurchschnitt nur für ein Drittel aller drei- bis fünfjährigen Kinder Plätze vorhanden sind, wird es keine zehn Jahre später – Geburtenrückgang eingerechnet – Plätze für zwei Drittel dieser Kinder geben. An die 50 Modellversuche werden durchgeführt. Sie konzentrieren sich auf zwei Fragestellungen: die Zuordnung der Fünfjährigen und die Entwicklung einer neuen pädagogischen Praxis. Was sich anfangs noch wie eine parteipolitische Kontroverse anlässt, gerät zunehmend zu einer Auseinandersetzung zwischen Kultur- und Sozialressorts, zwischen Schul- und Sozialpädagogik. Gestritten wird um Grenzregelungen zwischen zwei Bildungsbereichen. Vergessen werden dabei weiter reichende Lösungen, wie sie Holland oder England entwickeln: zum Beispiel die, den Elementar-

Das Ergebnis ist trivial: In allen Organisationsformen kann gute pädagogische Arbeit geleistet werden

und den Primarbereich zu integrieren, Lehrer und Erzieher gemeinsam auszubilden und damit die Lehrerbildung und die Grundschule auf ein stärker sozialpädagogisches Fundament zu stellen.

Grenzregelung statt Integration und Kontinuität: Ohne diesen Streit ums falsche Thema wäre der Kindergarten nicht so herausgefordert worden, hätten sich Träger, Länder und Bund nicht über Jahre zusammengetan. Nun aber entsteht Wetteifer. Während die einen Länder – so Nordrhein-Westfalen – auf Vergleich setzen und Kindergärten gegen Vorklassen oder Eingangsstufen vermessen, legen andere – wie Rheinland-Pfalz und Hessen mit der Erarbeitung des Situationsansatzes in Kindergärten – das Gewicht stärker auf inhaltliche Entwicklungen. Gelegentlich wird viel Geld ausgegeben und doch nicht mehr erreicht als ein Verlegenheitsbericht auf den Schreibtischen von Verwaltern. Als 1975 eine Arbeitsgruppe der Bund-Länder-Kommission für Bildungsplanung die erste Generation von Modellversuchen auswertet, ist – wie schon vermerkt – das Ergebnis trivial: In allen Organisationsformen kann gute pädagogische Arbeit geleistet werden.

Dritter Akt, 1975 bis 1978:

Es geschieht etwas für den deutschen Bildungsföderalismus Ungewöhnliches. Neun Bundesländer tun sich zusammen und prüfen in einem bundesweiten Erprobungsprogramm, was

Einzelne von ihnen vorher an pädagogischen Anregungen für Kindergärten entwickelt haben. Nicht dabei ist Bayern, nur assoziiert ist Baden-Württemberg. Trotz aller Schwierigkeiten, die die neun Ländervertreter bei der Koordination dieses Unternehmens untereinander erleben, arbeiten 210 Kindergärten, an die 1700 Erzieherinnen und 60 Wissenschaftler drei Jahre an der Reform. Ins Zentrum der Erprobung gerät das Konzept situationsbezogener Arbeit. Es war eine Reform, die sich in ihren besten Zeiten wie mit Buschtrommeln fortsetzte: Eine machte eine Erfahrung, berichtete sie anderen, die machten sie nicht nach, sondern etwas Eigenes daraus. Für diesen Prozess hatten die Begleiter zwar einen Namen – Curriculumentwicklung –, aber das hatte nichts mehr mit Lernzielhierarchien und Experten, sondern mit Lebenssituationen von Kindern und Beteiligung von Eltern zu tun. Wer als Erzieherin heute damit umgeht, baut auf Erfahrungen auf, die andere vorher gemacht haben.

**Vierter Akt, Ende
der siebziger Jahre:**

Auch zehn Jahre früher war schon klar, dass der Sinn von Modellversuchen darin liegt, gute Ergebnisse nicht nur den beteiligten, sondern allen Einrichtungen – und das waren über 20000 – zukommen zu lassen. Aber dies geschieht nicht. Die Priorität vorschulischer Erziehung existiert nicht mehr. Dem Streit um die Fünf-

jährigen ist die Luft ausgegangen. Der quantitative Druck ist weg. Bildungspolitik ist mehr Krisenintervention als Stützung einer langfristig ausgelegten rollenden Reform. Das Instrument Modellversuch erweist sich ohne Übertragungsstrategie als zu kurzfristig.

Wichtige Rahmenbedingungen der Arbeit in Kindergärten – zwei Erzieherinnen pro Gruppe, ausreichende Vor- und Nachbereitungszeit für Erzieherinnen – werden vielfach nicht eingelöst. Die Erzieherinnen sind gewerkschaftlich schlecht organisiert und zunehmend wieder in der Defensive: Arbeitsplätze werden abgebaut, Kindergärten geschlossen, die Gruppen vergrößert, die Arbeitsbedingungen verschlechtert. Das Erprobungsprogramm bleibt bildungspolitisch weitgehend ohne Resonanz. Die Bund-Länder-Kommission braucht allein zweieinhalb Jahre, um die Veröffentlichung der überregionalen Ergebnisse zuzulassen. Hier zeigt sich unter den Gesichtspunkten einer Kosten-Nutzen-Analyse ein ausgewachsener finanzpolitischer Skandal: Denn der Bund und einige (nicht alle!) der Länder können in Modellversuchen nicht über 50 Millionen und im Erprobungsprogramm 16 Millionen Mark für die Entwicklung pädagogischer Qualität ausgeben und dann für die Verbreitung, Übertragung und Umsetzung der entwickelten Standards praktisch nichts mehr tun.

Auch wenn in den achtziger Jahren einzelne Modellversuche – „Landkindergärten", „Orte für Kinder", „In-

Neun Bundesländer prüfen, was Einzelne vorher an pädagogischen Anregungen für Kindergärten entwickelt haben

Ins Zentrum der Erprobung gerät das Konzept situationsbezogener Arbeit

Dem Streit um die Fünfjährigen ist die Luft ausgegangen

Lernen ist Ausstieg aus dem Mythos von der Unabänderlichkeit der Situation und handelnder, befreiender Einstieg in die Geschichte

terkulturelle Erziehung in Kindertagesstätten" – das Fähnlein der Reform weitertrugen, litten sie, wie schon die Modellversuche in früheren Jahren, an einem entscheidenden Mangel: Ihre Ergebnisse wurden nicht nachhaltig übertragen, nicht verbreitet, sie kamen den vielen anderen Einrichtungen nicht oder viel zu wenig zugute.

Immerhin, und dies verdient große Anerkennung: Verschiedene Träger, Einrichtungen der Fortbildung, Fachberaterinnen und Lehrkräfte an Fachschulen arbeiten daran, die Infrastruktur einer rollenden Reform aufrechtzuerhalten und auszubauen. Mehr und mehr Einrichtungen versuchen, den Situationsansatz nicht nur zu praktizieren, sondern ihn produktiv und ideenreich weiterzuentwickeln.

Ideengeschichte des Situationsansatzes

Zu den Paten gehört Paulo Freire, ein furioser Anwalt der Armen mit weltweiter Wirksamkeit

Noch ein kurzer Blick auf die Ideengeschichte des Situationsansatzes, auf seine Bezüge zur europäisch-nordamerikanischen Reformpädagogik, zur lateinamerikanischen Educación Popular und zur neueren Bildungsforschung: Zu den Paten gehört Paulo Freire († 1997), der wohl wichtigste Pädagoge dieses Jahrhunderts, Brasilianer, ein furioser Anwalt der Armen mit weltweiter Wirksamkeit, Ehrendoktor von 28 Universitäten, Kandidat für den Friedensnobelpreis, dessen Buch „Pädagogik der Unterdrückten" in dreißig Sprachen übersetzt wurde, ein Mann des Aufstan-

des und der Liebe, des Dialogs und der Unbeirrbarkeit, des Widerstandes und der Versöhnung. So wie er von den brasilianischen Diktatoren ins Exil gejagt wurde und – vom Ökumenischen Rat der Kirchen beherbergt – über Jahre von Genf aus seine Stimme erhob, standen in vielen autoritär regierten Ländern seine Schriften auf dem Index und waren gleichwohl Richtschnur oppositioneller Pädagogen. Lernen, sagt Paulo Freire, orientiert sich an den Schlüsselsituationen Entrechteter, zielt auf sozio-politische Bewusstwerdung. Ein Lehrer ist auch Schüler und ein Schüler auch Lehrer. Der Dialog ersetzt die Dressur. Lernen ist Ausstieg aus dem Mythos von der Unabänderlichkeit der Situation und handelnder, befreiender Einstieg in die Geschichte. Reflexion und Aktion sind untrennbar miteinander verbunden. Lernen kann dazu beitragen, geschlossene Gesellschaften in offenere zu verwandeln, die Beteiligung und Gleichwertigkeit an die Stelle des Privilegs und der Oligarchie, der Herrschaft kleiner Gruppen, zu setzen. Pädagogen können keine Alleingänger sein, sie brauchen, sagte der alte Paulo Freire, mächtige Bündnispartner, soziale Bewegungen – in Brasilien waren und sind das die Bewegung der Landlosen, die Frauenbewegung, das „Movimento Negro" oder die Metallarbeiter São Paulos. Paulo Freires Pädagogik der Unterdrückten ist eigentlich, so hat er ein neueres Buch genannt, eine Pädagogik der Hoffnung, nicht nur für Menschen an den Peripherien dieser Welt.

Ein zweiter bedeutender Pate und Ideenspender ist Shaul B. Robinsohn († 1972), ehemals Direktor am Max-Planck-Institut für Bildungsforschung Berlin: Kindheit in Berlin, als Jude in die Emigration getrieben, Rückkehr nach Deutschland. In der Wissenschaftlergruppe um Robinsohn wurde Ende der sechziger Jahre das Strukturkonzept der Curriculumrevision entwickelt, das nicht mehr von Fächern, sondern von Verwendungssituationen – von Situationen, in denen erworbene Qualifikationen nachgefragt werden – ausgeht. Der Dreischritt des Strukturkonzeptes – Bestimmung und Analyse solcher Situationen, Bestimmung von Qualifikationen, Entwicklung darauf bezogener Curriculum-Elemente – setzte stark auf die Rolle von Experten: Sie, die Vertreter von Wissenschaftsdisziplinen, sollten die Situationen analysieren.

Beim Situationsansatz, so wie er von der Arbeitsgruppe Vorschulerziehung des Deutschen Jugendinstituts entwickelt wurde, rücken die Erzieherinnen, die Eltern und Kinder stärker in die Rolle von Experten für alltägliche Situationen. Natürlich werden auch weitere Personen einbezogen, die für bestimmte Situationen einen besonderen Sachverstand einbringen. Gleichwohl wurde das Strukturkonzept vom Kopf auf die Füße gestellt. Die Arbeitsgruppe Vorschulerziehung begleitete Modellversuche in Rheinland-Pfalz und Hessen Anfang bis Mitte der siebziger Jahre und führte flankierende Projekte durch – zur Medienerziehung, zur Integration von Kindern mit Behinderungen oder zum Übergang vom Kindergarten zur Schule. Von Mitte der siebziger Jahre an übernahm dann eine andere Projektgruppe des Arbeitsbereichs Vorschulerziehung im Deutschen Jugendinstitut die überregionale wissenschaftliche Begleitung des Erprobungsprogramms.

Eine dritte ideengeschichtliche Wurzel reicht in die Bewegung der Community Education mit ihrem Versuch, Lernen und Leben im Gemeinwesen in Verbindung zu bringen. Henry Morris, Gründer einer der ersten Community Schools in England, oder John Dewey, Vater der amerikanischen *progressive education*, sind hier zu nennen.

Ein zweiter bedeutender Pate und Ideenspender ist Shaul B. Robinsohn, er setzte stark auf die Rolle von Experten

Eine dritte Wurzel reicht in die Bewegung der Community Education

Verwandtes und Unverwandtes

„Wie verhält sich der Situationsansatz zu anderen Ansätzen?"

Kinder seien, so Malaguzzi, eifrige Forscher und Gestalter, sie seien empfänglich für den Genuss, den das Erkennen bereite

Wenn sie ihn ergänzen und seinen Prinzipien nicht widersprechen: freundlich und koalitionsfähig. Zum Beispiel: die Reggio-Pädagogik. Auf sie traf ich Mitte der siebziger Jahre zum ersten Mal in Bozen. Dort wurde ein Konflikt zwischen neu zugezogenen „italienischen" Erzieherinnen und alteingesessenen Erzieherinnen aus Südtirol ausgetragen. Die „Südtirolerinnen" hielten die „Italienerinnen" für die Vorhut einer römischen Bildungsinvasion, die „Italienerinnen" empfanden die „Südtirolerinnen" als intolerant und chauvinistisch. Loris Malaguzzi aus Reggio und ich waren als Schlichter eingeladen. Wir bezogen unsere beiden Konzepte aufeinander und arbeiteten auf dieser Grundlage mit den Erzieherinnen – die gemeinsame Entwicklungsarbeit wurde bald wichtiger als die Fortführung der Streitigkeiten. Die kommunalen Krippen und Kindergärten in Reggio sind als Polis in der Polis gegründet worden, als demokratisch verfasste, in das – sehr demokratisch gestaltete – Gemeinwesen eingebettete Einrichtungen. Reggio Emilia, die Stadt, und Malaguzzi mit seinem Team lagen im Hader mit dem konservativ geprägten römischen Zentralismus, dem die oberitalienischen Städte von Bologna bis Florenz basisdemokratische Strukturen entgegenzusetzen versuchten. In der *gestione sociale*, der sozialen Leitung, arbeiteten in Reggio Eltern, Erzieherinnen und politische Vertreter zusammen.

Kinder seien, so Malaguzzi, ebenso wie Poeten, Musiker oder Naturwissenschaftler eifrige Forscher und Gestalter, sie seien empfänglich für den Genuss, den das Erkennen bereite. Und so fördern die Einrichtungen Reggios gleichermaßen Reisen in die Innenwelt – Wahrgenommenes und Erlebtes unterliegt einem künstlerischen Prozess der Verwandlung – als auch in die Außenwelt: Welt wird über Wahrnehmung angeeignet. Über das Konzept Reggios – wie über den Situationsansatz – könnte der Satz des Philosophen Ernst Bloch aus dem „Prinzip Hoffnung" als Motto geschrieben werden, dass man nämlich das schärfste Fernrohr, das des geschliffenen utopischen Bewusstseins, brauche, um die nächste Nähe zu durchdringen.

Hellmut Becker, Gründer des Max-Planck-Instituts für Bildungsforschung und einer der Väter der westdeutschen Bildungsreform, hat einmal gesagt, es sei erstaunlich, wie viele Reformpädagogen die eigenartigsten bis obskuren weltanschaulichen Begründungen für eine von ihnen dann doch vernünftig und fantasiereich gestaltete pädagogische Praxis gegeben hätten. Rudolf Steiner und Maria Montessori haben Erziehungslehren entworfen, die den jeweiligen pädagogischen Ansatz in einen übergreifenden weltanschaulichen Zusammenhang einbringen.

Das Risiko, pädagogische Deutungen und Interpretationen innerhalb solch geschlossener Systeme vorzunehmen, ist das einer wachsenden Starrheit: Während sich draußen die Welt weiterentwickelt, verdinglicht sich drinnen das Programm, gibt sich überzeitlich und zementiert einen Kindheitsbegriff aus dem Anfang unseres Jahrhunderts. Gleichwohl: Auf der pädagogisch-praktischen Ebene gibt es viele Berührungspunkte und sinnvolle wechselseitige Ergänzungen, sodass es sehr schade wäre, wenn die Diskussion um verschiedene Ansätze nur auf ein Entweder-oder hinausliefe.

Schon im Vorfeld des überregionalen Erprobungsprogramms sind in Nordrhein-Westfalen mit den „Arbeitshilfen zur Planung der Arbeit im Kindergarten" und in Niedersachsen mit dem Curriculum „Elementare Sozialerziehung" sowie vom Comenius-Institut Varianten des Situationsansatzes entwickelt worden, die einerseits bestimmte Aspekte – das Spiel, die kindliche Entwicklung, die religiöse Erziehung – stärker in den Mittelpunkt rücken, andererseits das Konzept pragmatischer formulieren. Dies gilt auch für neuere Versuche. Wenn man die mehr zur Verwirrung als zur Erhellung beitragenden Begriffsklaubereien rings um den Begriff Situation einmal beiseite lässt, ist jedes Bemühen willkommen, sich pädagogisch auf die Wirklichkeit von Kindern einzulassen.

Die Praxis ist vielfältig im Umgang mit dem Situationsansatz, Ziel ist nicht die Festschreibung, sondern die Verbesserung der Qualität des Vorgehens:

- Werden – mit Blick auf gesellschaftliche Entwicklungen – Situationsanalysen unternommen?
- Wird soziales und sachbezogenes Lernen aufeinander bezogen und kommt die emotionale Kompetenz nicht zu kurz?
- Wird dem Bildungsanspruch Genüge getan? Werden Erfahrungs- und Lernprozesse in Realsituationen ermöglicht?
- Werden Situationen nur erkundet oder auch gestaltet?
- Wird von der Erzieherin die ständige Vorgabe erwartet oder ist sie die Begleiterin auf Entdeckungsreisen, die ihre Impulse dosiert setzt und sich immer wieder zurücknehmen kann?
- Werden Normen auf Situationen bezogen und in ihnen verdeutlicht und verhandelt?
- Sind die Lernerfahrungen kindgemäß?

Die Praxis ist vielfältig im Umgang mit dem Situationsansatz, Ziel ist die Verbesserung der Qualität des Vorgehens

Es gibt viele Berührungspunkte und Ergänzungen, sodass es sehr schade wäre, wenn die Diskussion um verschiedene Ansätze nur auf ein Entweder-oder hinausliefe

Hinter den sieben Bergen und Meeren

Ein kurzer Blick in die weite Welt: Der Situationsansatz ist von vielen Erzieherinnen in anderen Ländern auf die dortigen Verhältnisse bezogen und neu interpretiert worden. Meist begannen die Entwicklungsarbeiten mit einem Brainstorming über Schlüsselsituationen von Kindern in der Region. Hier einige Beispiele, die die Vielfalt der Lebensverhältnisse und der Anforderungen an Kinder zeigen:

• *Cheated by middlemen*: Kinder am Smokey Mountain, dem Müllberg der philippinischen Hauptstadt Manila, beklagen sich, dass sie, wenn sie den sortierten Müll – Plastik, Knochen oder Metalle – bei den Zwischenhändlern ablieferten, von denen mit manipulierten Waagen übers Ohr gehauen würden.

• *I can't go to the preschool because of harvesting*: Kinder helfen bei der Ernte in Indonesien und gehen in dieser Zeit nicht in den Kindergarten.

• *Surviving on a sinking boat*: Auf den Philippinen mit ihren 7500 Inseln nutzen viele Menschen, auch Kinder, viele kleine Boote. Was tun, wenn eines kentert oder voll läuft? Wegschwimmen? Sich daran festhalten?

• *Dengue-Fieber*: Ein Fieber schlimmer als Malaria, man fällt in einen todesähnlichen Schlaf. Übertragen

Der Situationsansatz ist von vielen Erzieherinnen in anderen Ländern auf die dortigen Verhältnisse bezogen und neu interpretiert worden

wird es durch eine Stechmücke, die über einen Radius von etwa anderthalb Kilometern verfügt. Sie braucht zur Fortpflanzung stehende Gewässer. Ein Projekt mit Kindern in Nicaragua: kleine Gewässer trockenlegen oder einen bestimmten Fisch züchten, der von Mückenlarven lebt.

● *My mom sends me in the morning in the preschool, in the afternoon into another preschool and in the evening in a tutorial:* arme reiche Kinder in Singapur, die an einem Tag zwei verschiedene Vorschulen und am Abend auch noch eine Hausaufgabenhilfe besuchen müssen.

● *Be a little farmer at home:* In den Arme-Leute-Vierteln von Bangkok herrscht Platzmangel, aber auf den Dächern kann man in leeren Kanistern seine kleine intensive Landwirtschaft betreiben, Gemüse züchten und es so zubereiten, dass es auch Kindern gut schmeckt.

● *Die Stunde null:* Die Waffen schweigen wieder. In einem vom Krieg zerstörten kroatischen Dorf versammeln sich Kinder und Erzieherinnen unter freiem Himmel – der Kindergarten ist nicht spielzeugfrei, er ist überhaupt nicht mehr da. Einige Kinder fehlen, sie sind umgekommen.

● *Surviving gunfire:* Wir befinden uns auf der Insel Jolo im südchinesichen Meer, eine Insel voller Schmuggler und Seeräuber, 10 000 Einwohner mit 90 000 Schnellfeuerwaffen sowie langen Auslegerbooten mit japanischen Außenbordmotoren, die jedes Polizeiboot abhängen. Eine Insel voller moslemischer Rebellen, die ein altes Sultanat wieder errichten wollen und die katholische philippinische Regierung weit weg im Norden nicht anerkennen. Situationsansatz auf Jolo; Schlüsselsituation: Gewehrfeuer überleben. Wegen der Schießereien zwischen Guerilla und Armee? Nein? Oder zwischen Schmugglern und Polizisten? Nein? Sondern: Immer dann, wenn ein Kind auf der Insel geboren wird oder bei weiteren Festen aller Art schießen die Insulaner in die Luft. Und wenn, sagen wir, nur jeder Fünfte seine Waffe hochhält und im Stakkato losballert, ist die Luft voller Blei, und weil dieses Blei ein Eigengewicht hat, fällt es irgendwann wieder herunter, es regnet festliches Blei vom Himmel und nicht selten auf die Köpfe der Kinder. Was tun? Dick gepolsterte, breitrandige Strohhüte basteln und sie als neue Festtagsmode für Kinder kreieren?

Verwendete Literatur

Zur Geschichte des Situationsansatzes

Akpinar, Ünal/Zimmer, Jürgen: Von wo kommst'n du? Interkulturelle Erziehung im Kindergarten, 4 Bände, München 1984

Almstedt, Lisa/Kammhöfer, Hans-Dieter: Situationsorientiertes Arbeiten im Kindergarten. Bericht über ein Erprobungsprogramm, Weinheim und München 1980

Amend, Marlies/Haberkorn, Rita/Hagemann, Ulrich/Seehausen, Harald: Modellprojekt Lebensraum Kindergarten. Zur Gestaltung des pädagogischen Alltags in Ganztagseinrichtungen, Eschborn 1992

Arbeitsgruppe Vorschulerziehung: Anregungen I: Zur pädagogischen Arbeit im Kindergarten. 6. Auflage, Weinheim und München 1979

Arbeitsgruppe Vorschulerziehung: Anregungen II: Zur Ausstattung des Kindergartens. 4. Auflage, Weinheim und München 1978

Arbeitsgruppe Vorschulerziehung: Anregungen III: Didaktische Einheiten im Kindergarten. 1. Auflage, Weinheim und München 1979

Bendit, René/Heimbucher, Achim: Von Paulo Freire lernen, Weinheim und München 1977

Berger, Irene/Colberg-Schrader, Hedi/Krug, Marianne/Wunderlich, Theresa (Hrsg.): Land-Kinder-Gärten. Ein Projektbuch des Deutschen Jugendinstituts, Freiburg 1992

Colberg-Schrader, Hedi/Krug, Marianne/ Pelzer, Susanne: Arbeitsfeld Kindergarten. Planung, Praxisgestaltung, Teamarbeit. 5. Auflage, Weinheim und München 1977

Colberg-Schrader, Hedi/Krug, Marianne: Lebensnahes Lernen im Kindergarten. Zur Umsetzung des Curriculum Soziales Lernen, München 1980

Colberg-Schrader, Hedi/Krug, Marianne: Soziales Lernen im Kindergarten, München 1991

Damerow, Peter/Elwitz, Ulla/Keitel, Christine/Zimmer, Jürgen: Elementarmathematik: Lernen für die Praxis? Ein exemplarischer Versuch zur Bestimmung fachüberschreitender Curriclumziele. Mit Einführungen von Karl Peter Grotemeyer und Carl Friedrich von Weizsäcker, Stuttgart 1974

Deutscher Bildungsrat: Zur Einrichtung eines Modellprogramms für Curriculum-Entwicklung im Elementarbereich. Empfehlungen der Bildungskommission, Bonn 1971

Deutsches Jugendinstitut, Arbeitsgruppe Vorschulerziehung u. a.:
Curriculum Soziales Lernen.
10 Textteile und 10 Bildteile,
München 1980/1981

Deutsches Jugendinstitut, Projektgruppe Erprobungsprogramm: Das
Erprobungsprogramm im Elementarbereich, 2 Bände, München 1979

Deutsches Jugendinstitut (Hrsg.):
Orte für Kinder. Auf der Suche nach
neuen Wegen in der Kinderbetreu-
ung, Weinheim und München 1994

Haberkorn, Rita: Rollenspiel im
Kindergarten, Weinheim und
München 1978

Haberkorn, Rita/Hagemann, Ulrich/
Seehausen, Harald: Kindergarten und
soziale Dienste. Praxisberichte zu
ausgewählten Aspekten der pädagogischen Arbeit in Kindertagesstätten sowie zur Zusammenarbeit
mit der Erziehungsberatung,
Freiburg 1988

Hoenisch, Nancy/Niggemeyer,
Elisabeth/ Zimmer, Jürgen:
Vorschulkinder, Stuttgart 1969

Laewen, Hans-Joachim/Neumann,
Karl/ Zimmer, Jürgen (Hrsg.): Der
Situationsansatz - Vergangenheit und
Zukunft. Theoretische Grundlagen
und praktische Relevanz,
Seelze-Velber 1997

Mühlum, Sieglinde/Lipp-Peetz,
Christine (Hrsg.): Situationsansatz
konkret. Theorie und Praxis der
Sozialpädagogik (TPS)
TPS extra 18, Bielefeld 1994

Projektgruppe Ganztagseinrichtungen: Leben und Lernen in Kindertagesstätten. Bericht über ein koope-
ratives Projekt des Deutschen Jugendinstituts und der Arbeiterwohl-
fahrt, Weinheim und München 1984

Robinsohn, Shaul B.: Bildungsreform
als Revision des Curriculum,
Neuwied 1967

Zimmer, Jürgen (Hrsg.): Curriculum-
Entwicklung im Vorschulbereich,
2 Bände, München 1971

Zimmer, Jürgen (Hrsg.): Erziehung
in früher Kindheit. Band 6 der
Enzyklopädie Erziehungswissenschaft
(Hrsg.: Dieter Lenzen), Stuttgart 1984

Zimmer, Jürgen: Die vermauerte
Kindheit. Bemerkungen zum
Verhältnis von Verschulung und
Entschulung, Weinheim 1985

Zimmer, Jürgen/Niggemeyer,
Elisabeth: Macht die Schule auf, laßt
das Leben rein. Von der Schule zur
Nachbarschaftsschule, Weinheim 1986

Zimmer, Jürgen/Preissing, Christa/
Thiel, Thomas/Heck, Anne/Krapp-
mann, Lothar: Kindergärten auf dem
Prüfstand: Dem Situationsansatz auf
der Spur, Seelze-Velber 1997

Varianten

Comenius-Institut (Hrsg.): Situationsansatz und Religionspädagogik. Förderprogramm für den Kindergarten, Münster 1976

Dichans, Wolfgang: Der Kindergarten als Lebensraum für behinderte und nichtbehinderte Kinder, Köln 1991

Krenz, Arnim: Der „Situationsorientierte Ansatz" im Kindergarten. Grundlagen und Praxis. 6. Auflage, Freiburg 1991

Ministerium für Arbeit, Gesundheit und Soziales des Landes Nordrhein-Westfalen (Hrsg.): Arbeitshilfen für die Planung der Arbeit im Kindergarten. Kriterien für die pädagogische Praxis, Gruppendifferenzierung, Raum- und Zeitgestaltung, Köln 1981

Oertel, Frithjof (Hrsg.): Elementare Sozialerziehung. Praxishilfen für den Kindergarten. 2 Bände, Weinheim und München 1982

Literatur zum Weiterlesen

Faltin, Günter/Zimmer, Jürgen:
Reichtum von unten. Die neuen
Chancen der Kleinen, Berlin 1996

Krappmann, Lothar/Peukert, Ursula:
Altersgemischte Gruppen in Kindertagesstätten, Freiburg 1995

Schäfer, Gerd E.: Bildungsprozesse
im Kindesalter. Selbstbildung,
Erfahrung und Lernen in der frühen
Kindheit, Weinheim und München
1995

Hinweis

Das Institut für den Situationsansatz
der Internationalen Akademie bietet
eine zertifizierte Weiterbildung zum
Situationsansatz an.
Kontakt:
Christine Lipp-Peetz,
Internationale Akademie,
Institut für den Situationsansatz
c/o Freie Universität,
Institut für Interkulturelle
Erziehungswissenschaft,
Habelschwerdter Allee 45,
14195 Berlin,
Tel. 030 / 8 38 57 79 oder 8 38 58 50
Fax 030 / 8 38 63 66